Spitzer
Ketchup und das kollektive Unbewusste

Mit freundlicher Empfehlung

Ketchup und das kollektive Unbewusste

Geschichten aus der Nervenheilkunde

Manfred Spitzer

Mit 8 Abbildungen

 **Schattauer** Stuttgart New York

Prof. Dr. Dr. Manfred Spitzer
Universität Ulm
Psychiatrische Klink
Leimgrubenweg 12–14
D-89075 Ulm

Die Deutsche Bibliothek – CIP Einheitsaufnahme

Ein Titeldatensatz für diese Publikation ist bei der Deutschen Bibliothek erhältlich

Besonderer Hinweis:
Die Medizin unterliegt einem fortwährenden Entwicklungsprozess, sodass alle Angaben, insbesondere zu diagnostischen und therapeutischen Verfahren, immer nur dem Wissensstand zum Zeitpunkt der Drucklegung des Buches entsprechen können. Hinsichtlich der angegebenen Empfehlungen zur Therapie und der Auswahl sowie Dosierung von Medikamenten wurde die größtmögliche Sorgfalt beachtet. Gleichwohl werden die Benutzer aufgefordert, die Beipackzettel und Fachinformationen der Hersteller zur Kontrolle heranzuziehen und im Zweifelsfall einen Spezialisten zu konsultieren. Fragliche Unstimmigkeiten sollten bitte im allgemeinen Interesse dem Verlag mitgeteilt werden. Der Benutzer selbst bleibt verantwortlich für jede diagnostische oder therapeutische Applikation, Medikation und Dosierung.
In diesem Buch sind eingetragene Warenzeichen (geschützte Warennamen) nicht besonders kenntlich gemacht. Es kann also aus dem Fehlen eines entsprechenden Hinweises nicht geschlossen werden, dass es sich um einen freien Warennamen handelt.

© 2001 by F. K. Schattauer Verlagsgesellschaft mbH, Stuttgart, Germany
E-Mail: info@schattauer.de
Internet: http://www.schattauer.de
Printed in Germany

Umschlagabbildung und Umschlaggestaltung: Barbara Manns, Manfred Spitzer
Satz: Schreibbüro Ilchmann, Albstraße 30, D-72649 Wolfschlugen
Druck und Einband: Allgäuer Zeitungsverlag GmbH, Kottener Straße 64, D-87435 Kempten/Allgäu
Gedruckt auf chlor- und säurefrei gebleichtem Papier.

ISBN 3-7945-2115-3

Vorwort

Ketchup – o.k., aber was ist das kollektive Unbewusste? Was hat das miteinander zu tun? Und wie hängt das dann wieder mit der Nervenheilkunde, also mit Neurologie, Psychiatrie und den Wissenschaften vom Gehirn zusammen?

So oder so ähnlich wird mancher denken, der dieses kleine Büchlein zum ersten Mal in die Hand nimmt. Sie (oder er) wird hoffentlich neugierig und beginnt, das Buch irgendwo aufzuschlagen und darin zu lesen. Mehr kann man als Autor nicht verlangen …

Dabei verweist der Titel nicht nur auf einen Beitrag zur Neurobiologie ästhetischen Erlebens, sondern hat durchaus tiefere Bedeutung: Es geht in diesem Buch um geistige Nahrung und was sie aus uns macht! Unser Gehirn ist genetisch präformiert und ändert sich täglich mit unseren Erfahrungen. Der Mensch als Spezies verfügt über eine Menge an allgemeinen Charakteristika, die von Körperform über -funktion und Reaktionsbereitschaften bis hin zu höchsten geistig-seelischen Leistungen reichen. So individuell die Erfahrungen jedes Einzelnen auch sind, so allgemein ist vieles an ihnen und an der Art und Weise, wie wir Erfahrungen überhaupt vollziehen. Man denke nur an die Sprache: Sie setzt nicht nur einen genetisch bedingten Apparat voraus, sondern auch die individuelle Erfahrung, von der aber wiederum ein großer Teil allgemein (im Hinblick auf die Mitglieder der Sprachgemeinschaft) ist. Carl-Gustav Jung hat dieses Allgemeine an bzw. in uns als das kollektive Unbewusste bezeichnet und hielt es für rein genetisch (biologisch) bedingt (vgl. Jung 1980, S. 55 ff). Wir wissen heute jedoch aus einer ganzen Reihe von Wissenschaftszweigen vom Menschen, dass die Unterscheidung zwischen „vererbt hier" und „erworben da" wenig Sinn macht, dass also Anlagen und Umwelt in komplexen Wechselwirkungen stehen. Dieses Buch beschäftigt sich mit Sachverhalten aus Neurobiologie und Psychologie vor diesem Hintergrund.

Unsere geistige Nahrung besteht vor allem aus Geschichten, die uns freuen oder ärgern, begeistern oder beängstigen, uns packen oder kalt lassen. Aus der Nervenheilkunde, der medizinisch angewandten Neurobiologie, kommen solche Geschichten. Sie haben also Nervenheilkunde im weitesten Sinne zum Inhalt und sind nicht immer ganz so unernst gemeint, wie der Titel des Buches suggeriert. Es ist aber auch die Nervenheilkunde, die uns klar macht, was diese Geschichten mit uns machen, warum und wie sie auf uns wirken. *Nervenheilkunde* ist zudem der Name einer Zeitschrift für Neurologie und Psychiatrie, für deren Inhalte ich seit zwei Jahren als Herausgeber des psychiatrischen Teils verantwortlich bin. Ich habe in dieser Zeit für jedes Heft zwei Geschichten verfasst, jeweils eine als Editorial am Anfang und eine für die von mir ins Leben gerufene Rubrik „Geist & Gehirn" am Ende eines jeden Heftes dieser Zeitschrift. Die Geschichten aus dem Jahr 1999 wurden gesammelt als kleines Büchlein publiziert (Spitzer 2000), und der vorliegende Band ist dessen Fortsetzung. Er enthält die im Jahr 2000 in der *Nervenheilkunde* publizierten sowie drei weitere Geschichten und einige kurze Anhänge.

Beim Schreiben der Geschichten war es immer mein Ziel, den Leser zu informieren und zum Nachdenken anzuregen, ihm zugleich aber auch den Spaß am Fach der Nervenheilkunde – dem spannendsten, das es derzeit in der Medizin gibt – zu vermitteln.

In ihrer Ungewöhnlichkeit und Originalität sind viele Arbeiten aus dem Bereich der Neurobiologie kaum zu überbieten: Würde man so manche wissenschaftliche Originalarbeit in Science-Fiction-Büchern lesen, hätte man in der Tat den Eindruck, dass der Autor nun aber wirklich übertrieben hat. Dabei ist die Wirklichkeit der Neurowissenschaft durchaus phantastischer als jedes Sci-Fi-Abenteuer: Mit Antimaterie werden Bilder der Gehirnfunktion gemacht, Heuschrecken schauen Star Wars, während man die Aktivierung bestimmter Neuronen ihres Nervensystems ableitet, um bessere Unfallverhütungssysteme für Autos zu basteln. Neugeborene und Affen hören holländische und japanische Sätze, vorwärts und rückwärts, um auf die Natur angeborener Sprachmodule zurückzuschließen. Diese Liste ließe sich beliebig verlängern. Es regt an, diese Dinge zur Kenntnis zu nehmen und dabei darüber nachzudenken, was dies wohl für den klinischen Alltag bedeutet.

Auch dieses Jahr gilt, was ich schon vor einem Jahr schrieb: „Was dem Kapitän die Crew, sind dem Klinikchef die Assistenten und Oberärzte, und nur wenn die Crew ihre Arbeit gut macht, kann der Kapitän neben dem Kurs und der Bedeutung des Schiffes auch Kurs und Bedeutung der Seefahrt überhaupt in den Blick nehmen. Dass beides sehr eng zusammenhängt bzw. – um es mit Humboldt zu formulieren – das eine ohne das andere letzlich nicht geht, ist meine feste Überzeugung" (Spitzer 2000, S. VI). Und auch in diesem Jahr möchte ich mich bei allen meinen Mitarbeiterinnen und Mitarbeitern sehr herzlich bedanken, dass sie mithalfen, diese Gedanken im Spannungsfeld von Geist und Gehirn im Jahr 2000 hier in Ulm in die klinische Praxis der Versorgung psychisch kranker Menschen umzusetzen.

Ich bin ein bisschen stolz darauf, dass nach einem guten Jahr der zunächst die klinischen Abläufe und dann die Labors betreffenden Aufbauarbeit auch unsere Klinik, die es seit Juni 1998 gibt, bereits einiges Ungewohntes zum Korpus neurobiologischen Wissens beisteuern konnte: Hier nur drei Beispiele: (1) Mesmer hätte seine Freude an der Behandlung von Depressionen, akustischen Halluzinationen oder zum Beispiel einer hysterischen Lähmung mittels Magnetfeldern. (2) Wir ließen Männer und Frauen sich in virtuellen Labyrinthen zurechtfinden und wiesen klare geschlechtsspezifische Unterschiede nach (mit dem üblichen nachfolgenden Presserummel, wenn die Wissenschaft wieder einmal festgestellt hat, dass Frauen und Männer verschieden sind), oder (3) gingen den differentiellen Effekten der beiden spiegelbildlichen Molekülformen eines der verbreitetsten Rauschmittel (Ecstasy) im MR-Scanner unter klar definierten Leistungsanforderungen an die Versuchspersonen nach – ein Novum –, aber ganz in der Tradition von Pionieren des Experimentierens mit höheren geistigen Leistungen in der Psychiatrie, wie E. Kraepelin und K. Beringer, E. Bleuler und C.G. Jung.

Publikationen hierzu erfolgten, sind im Druck oder in Arbeit. Allen daran Beteiligten bin ich sehr zu Dank verpflichtet. Diese Arbeit macht uns hier sehr viel Freude, und dass dies so ist, verdanken alle jeweils den anderen.

Auch im zweiten Jahr meiner Tätigkeit als Herausgeber der *Nervenheilkunde* war es eine Freude, mit meinen Kollegen aus der Neurologie und mit den Mitarbeitern des Verlages auf allen Ebenen zusammenzuarbeiten. Hierfür möchte ich mich bei Herrn Prof. Dr. Dieter Soyka, Herrn Dr. Wulf Bertram, Frau Dr. Katja Gaschler, Frau Birgit Fiebiger, Herrn Bernd Burkart, Frau Dr. Andrea Schürg und Frau Hildegard Wieland ganz herzlich bedanken.

Last, but not least, habe ich von Kollegen und Freunden immer wieder, wie man heute auf Neudeutsch sagt, positives Feedback im Hinblick auf meine Beiträge bekommen. Für diesen in Zeitschriften, Telefonaten, Gesprächen und E-Mails geäußerten Zuspruch, für die Ermunterung und Kritik, möchte ich mich bei allen bedanken.

Ulm, im Herbst 2000   Manfred Spitzer

Literatur

1. Jung CG. Die Archetypen und das kollektive Unbewußte. Gesammelte Werke 9/1. Olten und Freiburg i.Br.: Walter-Verlag 1980.
2. Spitzer M. Geist, Gehirn & Nervenheilkunde. Grenzgänge zwischen Neurobiologie, Psychopathologie und Gesellschaft. Stuttgart–New York. Schattauer 2000.

Inhalt

Geistige Nahrung

Wir leben in einer Zeit, in der zum ersten Mal kein Mangel mehr an Information herrscht, und wir müssen uns daran gewöhnen. Manche mögen meinen, dass in Anbetracht der Tatsache, dass alles Wissen nun überall verfügbar ist, man eigentlich keine Kurzgeschichten und schon gar keine Bücher mehr schreiben bräuchte. Dies ist ein Irrtum, der auf einer Verwechslung beruht, die etwa der Verwechslung von einem Supermarkt und einem Abendessen in einem Fünf-Sterne-Restaurant entspricht: Wir haben uns daran gewöhnt, dass es im Supermarkt ein Angebot von allen nur erdenklichen Nahrungsmitteln in – verglichen mit unserer Kapazität zur Nahrungsaufnahme – praktisch unbegrenzter Menge gibt. Ähnlich verhält es sich mit dem Angebot von Information und unserer Kapazität zu deren Aufnahme im Internet. Da das Internet schneller über uns hereingebrochen ist als Supermärkte, haben wir es schwerer, uns daran zu gewöhnen. Man stelle sich jedoch nur einmal vor, dass Supermärkte beispielsweise vor einhundert oder zweihundert Jahren eingeführt worden wären, flächendeckend und innerhalb von wenigen Jahren. Wahrscheinlich hätten viele Leute in den Supermärkten – wie gegenwärtig im Internet – täglich einige Stunden zugebracht, wahrscheinlich eher staunend als speisend und wahrscheinlich nicht selten mit gestörter Verdauung …

Die Zubereitung eines guten Essens bestand früher vor allem in der Kunst, dessen Zutaten irgendwie aufzutreiben, und viele so genannte regionale Spezialitäten sind im Grunde nichts anderes, als die Verwandlung einer Not in eine Tugend (wenig Zutaten, und es schmeckt trotzdem, zumindest halbwegs …), wie gerade viele Gerichte bezeugen, die in der Nähe des gegenwärtigen Wohnortes des Autors heimisch sind und die im Wesentlichen aus der Mischung fett- und kohlenhydratreicher Grundstoffe bestehen (Motto: Pfannenkuchen mit Kartoffeln, Reis, Brot und Spätzle …).

Ähnlich war das Schreiben einer guten Story früher vor allem eine Frage von Detektivarbeit, d.h. hing davon ab, an bestimmte Informationen, die sonst keiner hatte, heranzukommen. Das gibt es zwar heute auch noch, wie es ja auch manche frischen Nahrungsmittel nur zu bestimmten Zeiten in bestimmten Gegenden gibt. Im Prinzip sehen die Limitierungen des Kochens dank der Supermärkte heute jedoch ganz anders aus als vor 100 Jahren. Heute ist es die Zubereitung, die Aufarbeitung der Grundstoffe (weniger die Grundstoffe selber), durch die sich gute und schlechte Küche voneinander unterscheiden.

Nicht anders steht es um das Aufbereiten der uns immer und überall zur Verfügung stehenden Quellen geistiger Nahrung. Wir können unserem Gehirn langweilige Allerweltskost oder sogar immer die gleiche Fließband-produzierte Nahrung anbieten, oder es zumindest gelegentlich mit etwas Besserem verwöhnen. Dazu braucht es allerdings, wie auch bei einem guten Essen, etwas Konzentration und Anstrengung.

Viele Zeitschriften und Videos sind den oft zugleich mit der Lektüre konsumierten Chips, Crunchs und Flips in der Tat nicht unähnlich: den leeren Kalorien entsprechen die leeren Bilder und Sätze auf dem Papier oder dem Bildschirm. Sie sind Massenware, setzen beim Konsumenten nichts voraus und stellen den kleinsten gemeinsamen Nenner dar, auf den man sich gewissermaßen einigen kann, wenn es darum geht, dem Magen oder dem Geist etwas anzubieten. Ein gutes Essen ist, wie auch eine gute Story, ganz anders. Es richtet sich nach den Vorlieben, Neigungen und Vorerfahrungen, dennoch wird man überrascht. Es sind die Reihenfolge, die ungewohnte Zusammensetzung und die interessante Ausgestaltung, die ein gutes Essen ausmachen. Natürlich soll auch der Hunger gestillt werden, wie auch eine gute Story unsere Neugier befriedigt.

Es sollte nun klar sein, was unser Geist braucht: Nahrung, aber nicht nur Kalorien (Fakten), sondern ausgewogene Mahlzeiten (Geschichten). Eine gute Geschichte fesselt uns, macht uns ewas klar, regt uns zum Nachdenken an, liefert uns nicht nur Daten und Fakten, sondern einen Erklärungshorizont. Sie ordnet Fakten in einen sinnvollen Kontext ein und macht einen Sachverhalt plausibel, durchschaubar. Aus Daten lassen sich Geschichten machen, aber Daten sind ebenso wenig Geschichten wie Nahrungsmittel ein fertiges Gericht sind.

„Der Mensch ist, was er isst", sagen manche Ernährungsfanatiker und übertreiben damit vielleicht etwas die Bedeutung der Nahrung für unser Wohlbefinden. Schließlich setzt unser Verdauungsapparat die aufgenommenen Stoffe um, spaltet sie auf, verändert sie und baut neue körpereigene Stoffe auf. Im Hinblick auf unsere geistige Nahrung, also das, was wir unserem Gehirn an mehr oder weniger verdaulicher Kost (sprich: Lebenserfahrung) zumuten, ist dies anders!

Alle unsere Erlebnisse schlagen sich irgendwie, meist nur in Abschattungen, in uns nieder, als veränderte synaptische Verbindungen zwischen den Nervenzellen unseres Gehirns und als Erinnerungsspuren in unserem Geist. Wir speichern keineswegs jeden Kleinkram, und das ist gut so! Ein Beispiel: Sie haben in ihrem Leben wahrscheinlich schon Tausende von Tomaten gesehen. Hätten Sie jede einzelne von ihnen als (jeweils diese oder jene ganz bestimmte) Tomate abgespeichert, dann hätten Sie nicht nur den Kopf voller (einzelner) Tomaten, Sie wüssten vor allem nichts von der Tomate im Allgemeinen. Nur dadurch, dass wir von Einzelnem abstrahieren, dass wir verallgemeinern, den *Begriff der Tomate* aus vielen Einzelbegegnungen mit Tomaten formen, sind wir in der Lage, z.B. die nächste als solche zu erkennen und dann sofort zu wissen, welche allgemeinen Eigenschaften (Aussehen, Geruch, Geschmack, man kann sie essen, kochen, trocknen, werfen, zu Ketchup verarbeiten etc.) sie hat.

Gewiss, auch unser Gehirn setzt die eingehende Information um, zerlegt sie teilweise in kleinere Einheiten und extrahiert allgemeine Regeln aus den gemachten Erfahrungen. Dennoch geht das Gehirn längst nicht so weit wie die Verdauung: Es hängt ganz davon ab, welchen Sprachinput ein Säugling erhält, ob er später akzentfrei Deutsch, Englisch oder Chinesisch spricht. Was auch immer ein Mensch an geistiger Nahrung zu sich nimmt, wirkt sich auf ihn, auf sein Gehirn aus. Es ist daher ratsam, vielleicht mehr als bisher (und in jedem Fall vergleichsweise mehr als im Hinblick auf unseren Magen) auf unsere geistige Nahrung zu achten.

Macht und Ohnmacht von Geschichten

Wir erzählen uns Geschichten; Geschichten treiben uns um; sie sind ebenso das Gewebe, das unsere einzelnen Handlungen zusammenhält, wie die Farbe, die wir diesen Handlungen geben. Wir produzieren Geschichten – dauernd.

Gehirne sind eigentlich nicht zum Geschichtenproduzieren gebaut. Sie bestehen aus sehr langsamen und „dummen" Einzelteilen, den Neuronen, die Informationsverarbeitung nicht durch explizite, serielle Manipulation von Symbolen, sondern durch paralleles Prozessieren von Impulsen über unterschiedliche Verbindungsstärken vollziehen. Die Erfahrung lebendiger Organismen ist daher zunächst nicht sprachlich und auch nicht historisch in dem Sinne, dass die Erfahrungsgeschichte nur als Synapsenstärken vorliegt, nicht jedoch als explizite abgespeicherte Repräsentation. Aus neurobiologischer Sicht ist die Versprachlichung unseres geistigen Lebens damit etwas, das post facto geschieht. Wir erleben dies immer dann, wenn wir Denken versprachlichen: Denken (d.h. biologische bzw. mentale Informationsverarbeitung) ist nicht primär sprachlich, wir können es jedoch versprachlichen (was durchaus Mühe machen kann, wovon jeder Autor, der mit der Sprache ringt, ein Lied singen kann).

Wir wissen zudem, dass die Sprache eine entwicklungsgeschichtlich relativ junge Funktion darstellt, die nur bei der Spezies Mensch in wirklich ausgeprägter Form vorliegt. Die sprachbedingten kommunikativen Evolutionsvorteile (Verständigung beim Jagen von Großwild etc.) können aus dieser Sicht nicht darüber hinwegtäuschen, dass die Sprache mit den meisten Funktionen des Organismus nichts verbindet, da diese entwicklungsgeschichtlich viel älter sind. Für die Medizin bedeutet dies kurz und knapp formuliert: Sprache ist eine phylogenetisch junge organismische Funktion und kann daher gar nicht in die Pathomechanismen praktisch aller (phylogenetisch älterer) Erkrankungen involviert sein. Sprache ist Epiphänomen; mit ihr beschreiben wir unsere Leiden, aber sie hat mit ihnen sonst nichts zu tun.

Nach einer sehr bekannten Schilderung des Neurowissenschaftlers Michael Gazzaniga (1998) trug sich im Labor bei der Untersuchung einer Split-brain-Patientin folgendes zu: Man zeigte ihr tachistoskopisch Bilder im linken oder rechten Gesichtsfeld, so dass diese Bilder nur jeweils die linke oder rechte Gehirnhälfte erreichten und dort verarbeitet wurden. Ließ man die Patientin dann beispielsweise die entsprechenden Gegenstände unter dem Tisch (d.h. nur mit dem Tastsinn) mit jeweils der rechten oder linken Hand aus einer Anzahl von Gegenständen heraussuchen, so zeigte sich, dass die ihrer rechten

Hemisphäre kurz dargebotenen Bilder ihr erlaubten, den entsprechenden Gegenstand herauszusuchen. Sie konnte ihn jedoch nicht benennen, da die Information über Art oder Identität des Gegenstands in ihrer linken, sprachproduzierenden Hemisphäre nicht vorlag. Man zeigte ihr dann einmal die Pin-up-Fotografie einer leicht bekleideten Dame, woraufhin sie zu lachen begann. Danach gefragt, warum sie lache, konnte sie den Grund offensichtlich nicht angeben, denn das Bild befand sich nur in ihrer rechten Gehirnhälfte. Sie war jedoch um eine Erklärung nicht verlegen und meinte, der Apparat, an dem sie getestet werde, sei so lustig. In einem anderen Fall wurde die Aufforderung, aufzustehen („walk"), in die rechte Hemisphäre projiziert, woraufhin der Proband aufstand und den Raum verließ. Darauf angesprochen gab er an, dass er sich eine Cola holen wollte. Immer wieder zeigte sich das gleiche Muster: „Erklärungen" des von der rechten Gehirnhälfte produzierten Verhaltens wurden von der bewussten, sprachproduzierenden linken Gehirnhälfte frei erfunden. Die Beispiele zeigen, wie stark unser Bedürfnis danach ist, unsere Handlungen mit Gründen zu versehen, und dass wir dies auch – ohne Rücksicht auf den faktischen Gehalt der begründenden Geschichten – tun.

Zu dieser Ohnmacht der Geschichten passt die klinische Alltagserfahrung, dass viele Patienten (und leider auch viele Ärzte) sich durch Geschichten vom Sehen und Feststellen der Symptomatik abhalten lassen. Ein Beispiel von vielen: Jeder depressive Patient hat – bei der ersten Episode immer und bei späteren Episoden meistens – einen Grund für die Erkrankung parat. Dies und das ist geschehen, und darum liegen Stimmung und Antrieb im Keller, wird gegrübelt, nicht geschlafen und nicht gegessen. Wie die Split-brain-Patientin denken wir uns also ständig post-hoc Erklärungen für unser Verhalten aus, wir spinnen uns einen roten Faden, obgleich unser Verhalten auch ohne diesen Faden ablaufen würde – Geschichten als „Bedeutungs-Soße", die unsere linke Hemisphäre über unsere Handlungen im Nachhinein gießt; bedeutungslos, abgekoppelt von jeglichem Wahrheitsgehalt und bestenfalls harmlos. In ungünstigeren Fällen ist dies schädlich, kann doch das Suchen von Gründen gerade bei intelligenteren sprachbegabten depressiven Menschen dazu führen, dass jahre- oder jahrzehntelang „Gründen" vermeintlich nachgegangen wird, wo doch nur Geschichten (unter Umständen zusammen mit einem Therapeuten) zu erfinden sind. Geschichten machen somit weder krank noch gesund. Sie sind im Grunde irrelevant.

Soweit die extrem skeptische Auffassung. Ihr steht die – u.a. von z.B. psychodynamisch arbeitenden Psychotherapeuten vertretene – Auffassung gegenüber, dass es die Geschichten sind, die krank machen und deren Erzählen und Bearbeiten gesund machen kann. Diese Auffassung sei am Beispiel einer neueren Studie zu Arthritis und Asthma (Smyth et al. 1999) erläutert, die schon aus methodischem Aspekt Erwähnung verdient. Die Autoren gingen von der bekannten Beobachtung aus, dass in schriftlicher Form niedergelegte Berichte über seelisch traumatisierende Erlebnisse eine positive Wirkung auf die Symptomatik und das subjektive Wohlbefinden haben.

61 Patienten mit Asthma und 51 Patienten mit rheumatoider Arthritis wurden aufgefordert, entweder über ihr traumatischstes Erlebnis (Interventionsgruppe; n = 71; 39 Asthma, 32 rheumatoide Arthritis) oder über emotional neutrale Themen zu schreiben (Kontrollgruppe; n = 41; 22 Asthma, 19 rheumatoide Arthritis). Die Schwere der Symptomatik wurde mittels Spirometrie bei den Asthmatikern bzw. durch klinische Untersuchung seitens eines Rheumatologen vor der Intervention (Baseline) sowie nach 2 Wochen, nach 2 Monaten und nach 4 Monaten objektiv und gegenüber der Intervention blind bestimmt. 107 der 112 Patienten beendeten die Studie erfolgreich. Da man sowohl günstige Wirkungen der Beschäftigung mit emotionalen Lebensereignissen als auch ungünstige erwarten kann (z.B. im Sinne einer Verstärkung der Symptomatik durch „Aufwühlen" von Emotionen), war für die beteiligten Patienten nicht ersichtlich, ob sie Plazebo (Kontrollgruppe) oder Verum (Interventionsgruppe) erhielten. Die Zuweisung zu den Gruppen erfolgte zudem randomisiert, und die Bewertung der Symptomatik wurde durch einen unbeteiligten und gegenüber der Gruppenzuweisung blinden Arzt vorgenommen. Die Ergebnisse dieser wahrscheinlich weltweit ersten randomisierten plazebokontrollierten Psychotherapie-Doppelblindstudie sind beeindruckend: Die Asthmapatienten der Interventionsgruppe zeigten eine spirometrisch gemessene Steigerung der Sekundenausatmungskapazität von 63,9% (Ausgangsbefund) auf 76,3% zum Zeitpunkt von 4 Monaten nach der Intervention ($p < 0,001$), wohingegen es bei der Kontrollgruppe zu keinen Veränderungen kam. Bei den Patienten mit rheumatoider Arthritis zeigte sich in der Interventionsgruppe eine Reduktion der Schwere der Erkrankung (auf einer Skala von 1 bis 4) von 1,65 (Ausgangsbefund) auf 1,19 zum Zeitpunkt von 4 Monaten nach der Intervention ($p < 0,001$). Fasst man die Patienten der Interventionsgruppe zusammen, so zeigten 33 (47,1%) der 70 Patienten der Interventionsgruppe eine klinisch relevante Besserung. Dies war nur bei 9 von 37 Patienten der Kontrollgruppe (24,3%) der Fall ($p = 0,001$). Damit ist zweifelsfrei nachgewiesen, dass das Aufschreiben traumatischer Erlebnisse bei Patienten mit Asthma oder rheumatoider Arthritis zu einer klinisch relevanten Symptomreduktion führt, die über die medizinische Standardbehandlung hinausgeht.

Man kann Ergebnisse wie diese nicht leugnen, sie sollten aber auch nicht zu „wilden Spekulationen" über „mystische Kräfte" Anlass geben, sondern vor allem zu vermehrter Forschung. Wir wissen, dass seelischer Stress sich auf die verschiedensten Organsysteme (einschließlich des ZNS) ungünstig auswirken kann, und wir wissen auch, dass das Ausmaß des erlebten Stresses nicht zuletzt von psychologischen Faktoren abhängt. Hierzu zählen die subjektiven Geschichten, die wir um die objektiven Ereignisse bauen.

Wie mächtig sind nun Geschichten? – Ich denke nicht, dass man diese Frage allgemein beantworten kann. Ihre Macht erscheint eher relativ zu den Situationen einerseits und den in ihnen handelnden Menschen andererseits zu sein. Dogmatische Antworten („Geschichten sind immer wichtig" oder „Geschichten sind immer Epiphänomene") helfen nicht weiter, sondern machen uns blind für die Komplexität der Sachverhalte. Das Nachdenken über die vorgestellten Extrempositionen kann jedoch unsere Sensibilität für Geschichten – für deren Macht und deren Ohnmacht – verbessern.

Literatur

1. Gazzaniga MS, Ivry RB, Mangun GR. Cognitive Neuroscience. The Biology of the Mind. New York, London: WW Norton & Co. 1998; 542-50.
2. Smyth JM, Stone AA, Hurewitz A, Kaell-A. Effects of writing about stressful experiences on symptom reduction in patients with asthma or rheumatoid arthritis: a randomized trial. JAMA 1999; 281 (14): 1304-9.

Sex und Testosteron
Plädoyer für ein neurowissenschaftliches Weltbild in der Psychiatrie

Ein korrelativer Zusammenhang zwischen dem Geschlechtshormon Testosteron einerseits und männlichem Sexualverhalten bzw. Aggressivität andererseits ist seit langem bekannt. Wenn in der Pubertät bei Jungen die Testosteronspiegel steigen, kommt es zum Stimmbruch, zum Bartwuchs, zum männlichen Körperbau, zu vermehrter Aggressivität sowie zu sexuellem Verlangen. Das Hormon steuert – so die unmittelbar einsichtige Schlussfolgerung – unser Verhalten. Sexuelle Triebtäter werden mit Testosteronantagonisten behandelt unter der Vorstellung, dass das Hormon direkt das Sexualverhalten beeinflusst und seine Reduktion daher auch zu einer Reduktion des entsprechenden Verhaltens führt. Das eindeutig höhere Aggressionspotential von Männern im Vergleich zu Frauen (nach der Statistik des Bundeskriminalamts waren beispielsweise 1998 nur etwa 10% aller Mörder Frauen) wird ebenfalls gemeinhin aufgrund entsprechender Beobachtungen in der Pubertät als Ausdruck des männlichen Geschlechtshormons Testosteron gesehen: Männer kämpfen nicht zuletzt (sondern zu allererst, wie von Evolutionspsychologen erst kürzlich wieder behauptet wurde) um Frauen, weswegen das männliche Geschlechtshormon Testosteron nicht nur das sexuelle Verlangen und die sexuelle Aktivität, sondern auch die Aggressivität steigert.

Nicht nur Mediziner, sondern auch Trainer im Sport haben aus diesen Einsichten ihre Konsequenzen gezogen. Nicht selten wurde oder wird es Sportlern vor wichtigen Wettkämpfen (man denke nur an die Fußballweltmeisterschaft) untersagt, sich mit ihren Partnerinnen zu treffen. Die aufgestaute „Energie" solle sich im Wettkampf (und nicht vorher im Bett) entladen (Adler 1999) und so zu besseren Leistungen führen.

All diese Beobachtungen und Befunde passen in ein Bild, demzufolge eine eindeutige Kausalität besteht: das Hormon ist die Ursache, das Verhalten ist das Resultat. Verhalten wird hormonell gesteuert, ist letztlich Epiphänomen, d.h. oberflächliche und für die wissenschaftliche Analyse von biologischen Kausalzusammenhängen vernachlässigbare Variable im Gesamtgeschehen.

Aus einer Korrelation (bei sexuell aktiven Männern findet man höhere Testosteronkonzentrationen im Blut) auf einen ursächlichen Zusammenhang (Testosteron macht sexuell aktiv) zu schließen, ist prinzipiell falsch. Eine kürzlich publizierte Untersuchung von Jannini et al. (1999) stellt die bisher allgemein akzeptierte Sichtweise des Zusammenhangs von Testosteron und Verhalten auf den Kopf.

Bei 80 Patienten mit seit langem bestehender Impotenz wurden zunächst Testosteronkonzentrationen im Blut gemessen, die in der Tat um etwa ein

Drittel niedriger lagen als bei sexuell aktiven Männern entsprechenden Alters. Es folgte eine dreimonatige Therapiephase, während derer die Impotenz durch Psychotherapie, eine mechanische Hilfe oder mit dem Präparat Sildenafil (Viagra®) behandelt wurde. Eine Hormonbehandlung erfolgte nicht. Die Messung der Testosteronkonzentration im Blut der Patienten nach dreimonatiger Therapie zeigte einen eindeutigen Effekt: Bei denjenigen Männern, bei denen die Impotenz (wie auch immer) erfolgreich behandelt worden war, fand sich ein deutlicher Anstieg der Testosteronkonzentration im Blut. Bei Männern mit teilweisem Therapieerfolg war der Anstieg geringer. Bei Männern, die auf die Therapie nicht ansprachen, also weiter impotent und daher sexuell inaktiv waren, blieben die Testosteronkonzentrationen unverändert. Diese Ergebnisse stellen die oben diskutierte landläufige Auffassung von Testosteron und Sexualverhalten auf den Kopf. 1. Die Testosteronkonzentrationen stiegen ganz offensichtlich aufgrund der vermehrten sexuellen Aktivität der erfolgreich behandelten Männer. 2. Die zuvor verringerten Testosteronkonzentrationen hatten die Impotenz nicht verursacht. 3. Auch die Art der Behandlung spielte weder für das Verhalten noch für die Hormonkonzentration eine Rolle.

Diese Untersuchung passt insgesamt in das Bild, das die Neurobiologie in jüngerer Zeit zum Zusammenhang von Erleben und Verhalten einerseits und Struktur und Funktion biologischer Systeme andererseits zeichnet: Der Zusammenhang wurde in der Vergangenheit in aller Regel einseitig gesehen, in dem Sinne, dass die Biologie Verhalten verursacht bzw. steuert oder zumindest beeinflusst. Die zitierten Ergebnisse sind ein weiterer Mosaikstein in dem neuen Bild der Neurobiologie, das die Zusammenhänge genauer und damit auch komplexer darstellt. Um ein weiteres Beispiel kurz anzuführen: Müller und Mitarbeitern (Toni et al. 1999) ist es gelungen, elektronenmikroskopische Aufnahmen von Synapsen vor und nach durch Langzeitpotenzierung vermittelten Lernprozessen zu generieren. Diese Aufnahmen zeigen eine lernbedingte Zunahme dendritischer Dornen an Synapsen, deren Stärke durch Langzeitpotenzierung zugenommen hat. Synapsen ändern somit nicht nur ihre Funktion (mehr Neurotransmitter wird ausgeschüttet, und dieser hat postsynaptisch einen größeren Effekt), sondern auch ihre Struktur (durch einen weiteren dendritischen Dorn wird die Kontaktfläche vergrößert). Nahm man also noch bis vor kurzem an, dass – plakativ gesprochen – Synapsen das Lernen verursachen, so weisen die Bilder aus der Arbeitsgruppe von Müller den umgekehrten Zusammenhang nach: Lernen macht Synapsen!

Sowohl wissenschaftliches als auch klinisch-medizinisches Denken und Handeln vollzieht sich immer innerhalb eines Weltbildes, das gewissermaßen den Hintergrund abgibt, vor dem sich das Alltagsgeschäft abspielt. Die Psychiatrie war lange Zeit dadurch stark beeinträchtigt, dass unterschiedliche Psychiater unterschiedliche und sogar miteinander nicht vereinbare Hintergründe ihrem Tun zugrunde legten. Es ist an der Zeit, dass sich dies ändert. Die Ergebnisse der Neurobiologie machen auf allen Ebenen deutlich, wie komplex die Zusammenhänge zwischen der Ebene der Psychologie und der Ebene der Neurobiologie sind. Es ist gerade die Neurobiologie, die darauf hinweist, dass die einseitige Sicht von Ursache-Wirkungs-Beziehungen zwischen diesen Ebenen falsch ist. Gerade deswegen taugt die moderne Neurobiologie als Weltbild für den klinisch tätigen Psychiater. Wusste doch der gute Kliniker schon immer um die Komplexität und Nicht-Linearität der Zusammenhänge zwischen Gehirn und Geist.

Literatur

1. Adler R. In the Mood. Does having sex make men more aggressive? New Scientist 1999; 164 (2214): 18.
2. Jannini EA, Screponi E, Carosa E, Pepe M, F Lo Guidice, F Trimarchi, F Benvenga. Lack of sexual activity from erectile dysfunction is associated with a reversible reduction in serum testosterone. Int J Androl 1999; 22(6): 385-92.
3. Toni N, Buchs P-A, Nikonenko L, Bron CR, Müller D. LTP promotes formation of multiple spine synapses between a single axon terminal and a dendrite. Nature 1999; 402: 421-5.

Das hast Du von der Mutter – aber nicht geerbt
Nichtgenetische Weitergabe von Charaktereigenschaften über mehrere Generationen im Tierexperiment

Wie jeder weiß, werden Charaktereigenschaften von den Eltern zur nächsten Generation weitergegeben. Wie jeder annimmt, geschieht dies durch Vererbung. Neue tierexperimentelle Befunde (Francis 1999) belegen jedoch zweifelsfrei, dass dies auch auf nichtgenetischem Weg geschehen kann. Wegen der enormen lebenspraktischen (um nicht zu sagen: gesellschaftspolitischen) Konsequenzen, die diese Forschungsergebnisse möglicherweise haben, seien sie hier zusammenfassend dargestellt.

Bereits vor zwölf Jahren wurde von der Arbeitsgruppe um Meaney (1988) der Befund publiziert, dass unterschiedliche Lebenserfahrungen von Ratten während der ersten drei Lebenswochen zu im Alter klinisch relevant werdenden Unterschieden in der Gedächtnisleistung führen. Neugeborene Ratten wurden vom Tag der Geburt bis zum 22. postnatalen Tag entweder täglich aus ihren Käfigen genommen und für 15 Minuten in einen anderen, mit einem Papierhandtuch ausgelegten Behälter gebracht oder sich selbst überlassen. Das postnatale Handling (sprich: kurzes „Streicheln") der Tiere führte zu einer vermehrten Zuwendung der Muttertiere, was wiederum in einer Erniedrigung der Konzentration von Stresshormonen im peripheren Blut resultierte. Es wurde zudem nachgewiesen, daß die erhöhten Glukokortikoidkonzentrationen der Tiere der Nicht-Handling-Gruppe zu nachweisbaren neuronalen Schäden im Bereich des Hippocampus mit entsprechenden Defiziten in Gedächtnistests führten. Die möglichen Auswirkungen frühkindlicher Erfahrungen wurden so im Tierversuch erstmals sehr klar demonstriert.

Es konnte weiterhin gezeigt werden, dass natürliche, spontan vorkommende Variationen des mütterlichen Verhaltens – das Lecken, Putzen und Säugen der Jungtiere – zu ähnlichen Auswirkungen bei den Jungtieren während des späteren Lebens führte wie die experimentelle Manipulation des mütterlichen Verhaltens durch das Handling (Liu et al. 1997). Wie die jetzt vorliegenden Untersuchungen zeigen, können sich die Auswirkungen frühkindlicher Erfahrungen auf Verhaltensweisen, die man beim Menschen am ehesten als Charaktereigenschaften bezeichnen würde, auf mehrere Generationen erstrecken.

Bei Ratten weisen Muttertiere Variationen in der Intensität des mütterlichen Brutpflegeverhaltens auf: Manche Muttertiere kümmern sich (das anthropomorphisierende Wort sei für die Gesamtheit von Lecken, Putzen, Stillen etc. erlaubt) liebevoller bzw. besser als andere um ihre Nachkommen.

Dies führt bei den Nachkommen von Müttern, die viel solches Verhalten an den Tag legen, nicht nur zu weniger ängstlichem Verhalten und einer geringeren Stressreaktion auf neue Reize, sondern auch zu mehr bzw. besserem Brutpflegeverhalten gegenüber der nächsten Nachkommengeneration verglichen mit den Nachkommen von Muttertieren, die sich weniger liebevoll gekümmert haben. Um nun zu untersuchen, ob es sich beim Brutpflegeverhalten um eine vererbte oder eine erfahrungsbedingte Verhaltensweise handelt, führten Francis und Mitarbeiter „Adoptionsstudien" bei Ratten durch. Da bekannt ist, dass Rattenmütter sich um einen völlig ausgetauschten Wurf weniger kümmern als um den eigenen, wurden jeweils nur ein oder zwei von etwa 12 Jungtieren eines Wurfs ausgetauscht. Um den Effekt des Austauschens selbst zu kontrollieren, wurden auch Jungtiere zwischen gleich sich kümmernden Muttertieren ausgetauscht, und um sogar den Effekt des Hantierens beim Austauschen zu kontrollieren, wurden manche Jungtiere nur kurz vom Wurf entfernt und dann wieder hinzugefügt. So ergaben sich insgesamt 8 Gruppen von Jungtieren, 6 Kontrollgruppen und zwei Experimentalgruppen (in Klammern ist die jeweilige Kodierung der Gruppen aus der Originalarbeit angeführt).

1. Jungtiere von liebevollen Müttern, die bei ihren Müttern aufgewachsen waren (H/C)
2. Jungtiere von nichtliebevollen Müttern, die bei ihren Müttern aufgewachsen waren (L/C)
3. Jungtiere von liebevollen Müttern, die nach kurzer Entfernung bei ihren Müttern aufgewachsen waren (H/w)
4. Jungtiere von nichtliebevollen Müttern, die nach kurzer Entfernung bei ihren Müttern aufgewachsen waren (L/w)
5. Jungtiere von liebevollen Müttern, die bei anderen liebevollen Müttern aufgewachsen waren (H-H)
6. Jungtiere von nichtliebevollen Müttern, die bei anderen nichtliebevollen Müttern aufgewachsen waren (L-L)

Und schließlich die beiden Experimentalgruppen

7. Jungtiere von liebevollen Müttern, die bei nichtliebevollen Müttern aufgewachsen waren (L-H)
8. Jungtiere von nichtliebevollen Müttern, die bei liebevollen Müttern aufgewachsen waren (H-L).

Durch dieses Design war es möglich, genetische Einflüsse von den Auswirkungen der mütterlichen Erziehungsstile zu unterscheiden. Wie sich zeigte, waren es die Erziehungsstile, die das Verhalten der heranwachsenden Jungtiere beeinflussten: Es hing von der Adoptivmutter, nicht jedoch von der genetischen Mutter ab, wie lange die Tiere eine neue Situation explorierten. Dies galt gleichermaßen für männliche und weibliche Nachkommen. Interessanterweise war auch der Erziehungsstil der weiblichen Nachkommen in gleicher Weise vom Erziehungsstil der Mutter und nicht von der genetischen Ausstattung der Tochter abhängig: Diejenigen Töchter, die liebevoll erzogen wurden, erzogen ihrerseits ihre Nachkommen liebevoll.

Ein weiteres Experiment zeigte prinzipiell das gleiche Resultat. Wie oben bereits erwähnt, führt das Handling von Jungtieren zu vermehrter Zuwendung der Muttertiere. Dies wirkt sich vor allem bei nichtliebevollen Muttertieren aus, da diese ihre Nachkommen ohne Handling vernachlässigen, sich aber um die „gehandelten" Nachkommen offenbar vermehrt kümmern. Diese wiesen als spätere Mütter wiederum einen fürsorglichen Erziehungsstil auf, ganz im Gegensatz zu den als Jungtiere nicht „gehandelten" Nachkommen wenig fürsorglicher Muttertiere. Aus diesen Ergebnissen folgt wiederum, dass „Persönlichkeitsvarianten" („individual differences") im Hinblick auf das mütterliche Verhalten über mehrere Generationen hinweg auf nichtgenetische Weise, d.h. über die Erziehung vermittelt, von der Mutter auf die Tochter (und von dieser auf die Enkelin) übertragen werden.

Weiterhin konnte gezeigt werden, dass die (männlichen und weiblichen) Nachkommen (F3-Generation, also die Urenkel) in ihrer Stressreaktion vom Handling der F2-Generation abhängen. Damit ist – ebenfalls über mehrere Generationen – nachgewiesen, dass sich Umwelteinflüsse, die das mütterliche Verhalten positiv ändern, auf die Nachkommen positiv auswirken. Diese Auswirkungen waren jeweils auch biologisch als entsprechende Veränderungen der Glukokortikoid-Rezeptor-mRNA bzw. des Corticotropin-Releasing-Hormon (CRH)-mRNA nachweisbar. Die Autoren kommentieren die gesellschaftspolitische Relevanz ihrer Ergebnisse vorsichtig wie folgt: „Diese Befunde legen nahe, dass individuelle Unterschiede in der Genexpression in Gehirnregionen, die die Reaktivität auf Stress regulieren, von einer Generation zur nächsten durch Verhalten weitergegeben werden können, [...] wobei der Mechanismus mit [...] Unterschieden in der mütterlichen Fürsorge während der ersten Lebenswoche in Zusammenhang steht. Beim Menschen bestimmen soziale, emotionale und ökonomische Kontexte die Qualität der Beziehung zwischen Eltern und Kind über die Generationen hinweg. Unsere Befunde bei Ratten könnten daher für das Verständnis der Wichtigkeit von Frühinterventionsprogrammen beim Menschen bedeutsam sein" (Francis et al. 1999, S. 1158).

Literatur

1. Francis D, Diorio J, Liu D, Meaney MJ. Nongenomic transmission across generations of maternal behavior and stress responses in the rat. Science 1999; 286: 1155-8.
2. Meaney M, Aitken D, van Berkel C, Bhatnagar S, Sapolsky R. Effect of neonatal handling on age-related impairments associated with the hippocampus. Science 1988; 239: 766-8.
3. Liu D, Diorio J, Tannenbaum B, Caldji C, Francis D, Freedman A, Sharma S, Pearson D, Plotsky PM, Meaney MJ. Materna care, hippocampal glucocorticoid receptors, and hypothalamicpituitary-adrenal responses to stress. Science 1997; 277: 1659-62.

Epilog

Ein weiteres sehr schönes Beispiel über nichtgenetische Einflüsse auf die spätere Entwicklung der Nachkommen wurde kürzlich von Wang und vom Saal (2000) berichtet. Die Autoren untersuchten den Einfluss des Alters bei der ersten Trächtigkeit auf die mütterlichen Steroidhormonkonzentrationen sowie die Auswirkungen auf das Wachstum und die sexuelle Reife der Nachkommen bei Mäusen. Man untersuchte die Trächtigkeit bei Mäusen, die entweder in der frühen Adoleszenz am 35. Lebenstag oder im Alter von 3 Monaten (junge erwachsene Mäuse) oder im Alter von 9 Monaten (Mäuse mittleren Alters) zur Paarung gebracht wurden. Vom 16. Tag bis zum Ende der Trächtigkeit (Tag 19 oder 20) wurden Testosteron-, Östradiol- und Progesteronkonzentrationen gemessen. Es zeigte sich eine klare Abhängigkeit bei der Anzahl der Nachkommen sowie deren Körpergewicht als auch beim Gewicht der Hoden der männlichen Nachkommen vom Alter des Muttertieres: Die genannten drei Variablen waren bei den Nachkommen der jungen erwachsenen Mütter jeweils signifikant größer als bei den sehr früh oder sehr spät trächtigen Mäusen. Auch erreichten die Nachkommen der besonders jungen bzw. eher alten Muttertiere die Pubertät später als die Nachkommen der jungen erwachsenen Mütter. Es zeigte sich sogar ein Einfluss des Zeitpunkts der Trächtigkeit auf die Enkeltöchter der weiblichen Nachkommen: Diese (F2-Generation) hatten ein signifikant größeres Körpergewicht bei der Geburt im Vergleich zu den Nachkommen derjenigen Großmütter, die bei der Geburt ihrer Töchter besonders jung oder besonders alt waren.

Die Autoren interpretieren ihre Ergebnisse vor dem Hintergrund von unterschiedlichen Mustern der Hormonkonzentrationen während der Schwangerschaft. Es ist bekannt, dass Sexualhormone in der Schwangerschaft die kindliche Entwicklung beeinflussen und zu einer Art dauerhafter „Prägung" nicht nur der Funktion der reproduktiven Organe, sondern auch anderer Organe einschließlich des Gehirns führen.

Unterschiede in den Geschlechtshormonkonzentrationen in Abhängigkeit vom Alter der Mutter wurden auch bei anderen Spezies gefunden. Daten zum Menschen und insbesondere Verhaltensdaten zu entsprechenden Auswirkungen beim Mensch liegen nach dem Bericht der Autoren nicht vor. Sie geben, mit Recht, zu bedenken, dass gerade vor dem Hintergrund der Tatsache, dass angesichts der derzeitigen gesellschaftlichen Entwicklung Schwangerschaften bei besonders jungen Frauen, aber auch bei besonders alten Frauen, immer häufiger werden, hier ein enormer Forschungsbedarf besteht. Dieser Meinung muss man sich vorbehaltlos anschließen!

Literatur

1. Wang MH, vom Saal FS. Maternal age and traits in offspring. Nature 2000; 407: 469-70.

Der letzte Facharzt
Ein Rückblick aus dem Jahr 2020

Man hört immer öfter die Meinung, die Psychiatrie werde es schon bald nicht mehr geben, denn nahezu alles, was der Psychiater heute macht, werde in nicht allzu ferner Zukunft von Vertretern anderer Fachdisziplinen übernommen: Jede Erkrankung des Gehirns, die man wirklich verstanden hat und daher diagnostizieren und therapieren kann, gehöre in die Neurologie. Seine Probleme bespricht man mit dem Psychologen oder dem Facharzt für Psychotherapie und soziale Schwierigkeiten mit dem Sozialarbeiter. Die Psychiatrie hat zudem bei Ärzten wie auch Patienten und Laien einen miserablen Ruf, der vom faulen, linkischen und dummen Kollegen bis zum die chemische Keule oder gar Elektroschocks gegen wehrlose Systemkritiker einsetzenden Unmenschen reicht. Zum Neurologen geht man, zum Therapeuten auch, aber um Himmels willen doch nicht zum Psychiater. (Dabei sind, um ein Beispiel zu nennen, die Rückenschmerzen und die Probleme im Alltag oft Symptom einer Depression, die – so die Erfahrungen des Autors – in der Regel nur der Psychiater sieht und sehr effektiv behandelt.) Ist nicht, so wird in Anbetracht dieser Situation immer lauter gefragt, die Psychiatrie eine aussterbende Disziplin, der Facharzt für Psychiatrie (auch der letztlich vor lauter Panik in „Facharzt für Psychiatrie und Psychotherapie" umgetaufte) ein Auslaufmodell?

Wir schreiben das Jahr 2020. Die Geschichte des Fachs während der letzten 20 Jahre schien den Skeptikern zunächst Recht zu geben. Zerrieben zwischen Neurologie (die sich um Demenzen und Zwänge kümmerte), Verhaltensneurologie (die sich für alles Übrige zuständig fühlte), neuropsychologischer Diagnostik und Rehabilitation (schon lange nicht mehr nur für Demente), ärztlicher und psychologischer Psychotherapie (nicht mehr nur für Gesunde), Sozialarbeit (nicht nur für Geld, Wohnung und Arbeit, sondern auch für Sorgen, Familiendynamik und Lebensqualität zuständig), war im Jahr 2007 schließlich der Versuch gescheitert, den Facharzt durch erneute Umbenennung in „Facharzt für chronische Schizophrenie" zu retten.

Kurze Zeit später wurde die gesamte Medizin jedoch vom Fortschritt der Gentechnik, der Computertechnik und der Nanotechnologie innerhalb weniger Jahre grundlegend transformiert. Diese Entwicklung kam zwar für viele überraschend, war jedoch im Grunde seit langem abzusehen und beispielsweise bereits in einer Arbeit aus dem ausgehenden letzten Jahrhundert (Gurdon & Colman 1999) sehr klar vorgezeichnet. Die technischen Einzelprobleme bei der Klonierung menschlichen Gewebes bekam man zunehmend in den Griff, und reiche verzweifelte Patienten reisten seit dem Jahr 2003 in Länder, die sich der Gesetzgebung gegen die Verwendung menschlicher Eizellen nicht angeschlossen hatten. Seit 2005 wurden nur noch Zelllinien aus Tier-Mensch-Hybriden für die Generierung von befruchteten Eizellen verwendet und auch die Horror-Vorstellung, man würde zur Ersatzteilmedizin einen Säugling in einer Surrogat-mutter heranziehen und dann zur Therapie ausweiden, wurde als geschickte Agitation religiöser Gruppen bar jeder Realitätsnähe in der öffentlichen Mei-nung entlarvt. Aufgrund dessen wurden kurze Zeit später in der gesamten zivili-sierten Welt die Gesetze erneut geändert und die Ersatzteilmedizin auf breiter Front ermöglicht.

Zunächst Leber, Haut und Darm, später dann auch Herz, Lunge und sogar Nervengewebe – was auch immer aus welchem Grund auch immer nicht mehr funktionierte, wird seit etwa 2009 routinemäßig in unzähligen privat geführ-ten Labors aus Zellen des Patienten automatisiert und zuverlässig innerhalb weniger Wochen gleichsam maßgeschneidert produziert und angewendet. Diese Anwendung wurde zunächst noch von den Fachvertretern der alten Dis-ziplinen durchgeführt: der Dermatologe ersetzte ein Stück kaputte Haut, der Urologe ein Stück kaputte Blase und der Chirurg ein Stück kaputten Darm. Rein technisch waren die Prozeduren jedoch nicht nur wenig verschieden, die überall seit etwa 2002 in großem Stil durchgeführten Maßnahmen der Quali-tätskontrolle in der Medizin zeigten sogar sehr bald einen einzigen wesentli-chen Faktor bei fehlgeschlagenen Therapien: menschliches Versagen.

Hier kam, wieder für viele unerwartet, Abhilfe aus der Allianz zweier Diszi-plinen, der Computertechnik und der Nanotechnologie. Computerhardware war mittlerweile unglaublich schnell und billig. Die bereits im vergangenen Jahrhundert schleichend begonnene Loslösung des Marketings von Magnet-resonanztomographen von der Zielgruppe der Radiologen hatte dazu geführt, dass – um nur eine Zahl zu nennen – bereits 2012 zwei von drei Hausärzten einen Scanner im Türrahmen eingebaut hatten, der sowohl strukturelle wie funktionelle und sogar spektroskopische Bilder des Patienten bei dessen Ein-tritt in die Praxis erstellt. Schnelle Computer vergleichen die Werte des Patien-ten mit großen Vergleichskollektiven, mit früheren eigenen Werten und vor allem mit den von der genetischen Ausstattung des Patienten her zu erwarten-den Werten.

Das *Human Genome Projekt* hatte seit 2008 voll in die Medizin durchgeschla-gen. Jeder Patient führt seit 2011 sein individuelles Genom auf der Kranken-kassenchipkarte mit sich, was die Diagnose in den meisten Fällen per Knopf-druck am Computer erlaubt und für therapeutische Entscheidungen (vor allem bei der Frage, wie viel Geld man im Einzelfall wofür ausgeben soll) unabdingbar wurde. Die Nanotechnologie machte es seit 2010 in Verbindung mit leistungs-starker Hardware und Aktuatorik möglich, den Faktor des menschlichen Versa-gens weitgehend auszuschalten: Roboter übernahmen den Einbau der im Labor produzierten Ersatzteile und führen die entsprechenden Eingriffe seit nunmehr etwa vier Jahren praktisch ausschließlich durch. Neue Materialien, aktive ferngelenkte Sonden und kleinste Bauteile ermöglichen den weitestgehend atraumatischen Ersatz von Leberlappen und Herzmuskel, Hautlappen und Gehirnrinde.

Das Resultat dieser Entwicklung war nicht nur, dass Ärzte in zunehmendem Maße überflüssig und durch Techniker und technische Assistenten abgelöst wurden, die am Computer mittels Tasten, Maus und Joystick die Eingriffe steuerten (bzw. der Steuersoftware die nötigen Metabefehle gaben). Vor allem die Fachgebiete erwiesen sich als der neuen Entwicklung im Wege und wurden daher der Reihe nach abgeschafft. In Anbetracht von Diagnostik per Genom, Scanner und Computer sowie von Therapie per Joystick, Software, Nanosonden und Aktuatorik brauchte man einfach keine Internisten, Chirurgen, Urologen, Dermatologen, Radiologen oder Orthopäden mehr. Übrigens waren die Psychotherapeuten seit 2005 durch Computerprogramme mit Expertsystemen ersetzt worden, nachdem das automatisierte Sprachverstehen und die Sprachsynthese erst einmal zur Anwendungsreife entwickelt worden waren: Es stellte sich rasch heraus, dass Computer immun waren für Gegenübertragungsphänomene und daher bei Vergleichsstudien regelmäßig besser abgeschnitten hatten als Menschen.

Hausärzte gab es noch zum Screenen und für allerlei Verwaltungskleinkram, alle übrigen Fachdisziplinen hatten sich jedoch als überflüssig erwiesen – mit einer Ausnahme: der Psychiatrie.

Nachdem nur einige mutige Psychiater im ersten Jahrzehnt des 21. Jahrhunderts übriggeblieben waren, erlebte das Fach gerade durch die technischen Neuerungen einen nie da gewesenen Aufschwung. Dies kam so: Zwischen den Jahren 2000 und 2010 hatte es bedeutende Fortschritte im Fach gegeben, diese waren jedoch weder von Medizinern noch von der Bevölkerung den Psychiatern gleichsam gegönnt worden: Die neuen Antidepressiva wurden von Psychosomatikern und allerlei „Therapeuten" verordnet, die den Erfolg für sich verbuchten. Medikamentöse und nicht-medikamentöse Therapieverfahren bei Demenzen wurden von Neurologen und Neuropsychologen eingesetzt und die Erfolge wurden entsprechend reklamiert. Angststörungen und manche Persönlichkeitsstörungen waren für einige Jahre nur psychologisch unter Inkaufnehmen vieler Abbrecher behandelt worden, bis man den Wert der Kombination von Psycho- und Pharmakotherapie klar erkannte, die von Psychotherapeuten verordnet wurde. Selbst schizophrenen Menschen ging es dank neu entwickelter Medikamente und Reha-Maßnahmen wesentlich besser als früher, den Erfolg verbuchten jedoch die die Patienten verwaltenden Sozialarbeiter für sich.

Im Zuge der Ablösung der Fachdisziplinen durch eine einheitliche Ersatzteilmedizin wurde dann immer stärker deutlich, dass diese Form der Medizin im Bereich der psychischen Störungen nur teilweise greift. Erst kürzlich hat der bekannte Psychiater Emil Sigmund das Problem vereinfachend im Fernsehen wie folgt formuliert: Ebenso wie eine abgestürzte Festplatte nicht wirklich repariert ist, wenn sie nur wieder läuft, sondern nur dann, wenn die auf ihr gespeicherten Daten wieder verfügbar sind, ist auch der depressive oder schizophrene Mensch nicht einfach dadurch behandelt, dass man die Gehirnbiochemie durch entsprechende Ersatzteile wieder herrichtet. Der Mensch hat im Laufe seines Lebens nicht nur seine Festplatte formatiert (in frühester Kindheit), sondern auch auf seine ganz besondere Weise beschrieben. Seine jeweils individuelle Erfahrung, die nur er gemacht hat und die prinzipiell nicht wiederholbar ist, verleiht seinem Gehirn eine Einzigartigkeit, die weit über die genetische Einzigartigkeit hinausgeht. Die etwa 1014 Bit Information, die über den Vorgang der Neuroplastizität in den Synapsen der Neurone des menschlichen Gehirns erfahrungsabhängig gespeichert sind, übersteigen die etwa 10^9 Bit des Genoms um den Faktor einhunderttausend.

Wie sich nun herausstellte, waren die Psychiater die einzigen, die schon immer gelernt hatten, mit Problemen, die Software und Hardware zugleich betrafen, umzugehen. Psychiatrie war ja nie anders: Immer schon hatte man es mit der Biochemie und den Problemen, mit den Erfahrungen und dem Gehirn, mit dem Körper und mit dem Geist zu tun. So war es kein Wunder, dass Psychiater seit etwa 2015 sehr gefragte Spezialisten für Probleme der Neuroplastizität, für die Umstrukturierung, Neustrukturierung und Dynamisierung neuronaler Netzwerke sowie ganz allgemein für alle Fragen, die über die Ersatzteilmedizin hinausgingen, waren.

Nachdem die Psychiater erst einmal ihr ureigenstes Terrain kampflos zurückerobert hatten, stellte sich heraus, dass sie auch in den Nachbargebieten gebraucht wurden. Patienten mit Epilepsie oder Morbus Parkinson beispielsweise waren durch ein paar hunderttausend GABAerge bzw. dopaminerge Neurone an der richtigen Stelle noch lange nicht geheilt. Sie hatten zu keiner Zeit nur an Anfällen oder nur an Bewegungsstörungen gelitten, man hatte ihre Erkrankung jedoch in der Vergangenheit vor allem unter diesen Blickwinkeln gesehen. Die auf Erleben, Denken und Handeln spezialisierten Psychiater konnten sich nun ungehindert von den einfach zu lösenden Problemen der Anfälle bzw. Bewegungsstörung um das Denken der Kranken, deren Emotionen und deren Lebensgeschichte kümmern. Nicht anders geschah es bei Patienten mit langsam wachsenden Hirntumoren, chronischen Krankheiten oder den noch immer nur begrenzt behandelbaren Krebsleiden. Psychiater wurden immer dann gebraucht, wenn es um Körper und Geist ging, wenn man wissen wollte, unter welchen Bedingungen diese Person am besten welche Inhalte neu lernt, um dadurch ihr Leben besser zu meistern. Sein Wissen um Neuromodulatoren und Motivation, um Determinanten der Neuroplastizität und um den Spontanverlauf vieler Krankheitsbilder, Konflikte und Krisen machte den Facharzt für Psychiatrie (so heißt er seit zwei Jahren wieder; die Psychotherapie, wenn sie trotz der gegenwärtig eher zurückhaltend eingeschätzten Macht der Geschichten indiziert ist, machen Computer; vgl. Spitzer 2000) als Spezialist dafür, was den Menschen als Menschen über sein Genom hinaus (natürlich in Wechselwirkung mit diesem) ausmacht, zum einzigen unabdingbaren Facharzt in der Welt der Ersatzteilmedizin. Eigentlich war dies schon vor 20 Jahren klar. Aber damals hat dies niemand gesehen.

Literatur

1. Gurdon JB, Colman A. The future of cloning. Nature 1999; 402: 743-6.
2. Spitzer M. Zur Macht und Ohnmacht von Geschichten. Nervenheilkunde 2000; 19: 1-2.

Psychohygiene und Missbildungen
in der Schwangerschaft
Vom „Versehen" zur Life-Event-Teratogenität

Bis heute gibt man schwangeren Frauen gerne den Tipp, sich in einer angenehmen Umgebung aufzuhalten, Aufregung zu vermeiden und jedweder stärkeren seelischen Belastung aus dem Weg zu gehen. Da wir Menschen bekanntermaßen Augentiere sind (d.h. das Sehen den mit Abstand größten Input-Kanal unseres Gehirns darstellt), wurde seit Jahrhunderten die Überzeugung vertreten, dass sich alles, was die schwangere Frau auch nur *anblickt*, auf die körperliche Entwicklung des Kindes auswirken kann. Man sprach vom „Versehen", das in Grimms Wörterbuch (Band 25, S. 1254) wie folgt beschrieben wird: „… in schlimmer Weise ansehen, durch den Blick Schaden zufügen, krank machen durch den Blick". B. Spitzer (1999) hat in ihrer Monografie zur *Geschichte der Geburt* diesen Sachverhalt genauer beschrieben: „Eine schwangere Frau musste Vorsorge treffen, bestimmte Ereignisse und Anblicke zu vermeiden, um ein gesundes und schönes Kind zu gebären" (B. Spitzer 1999, S. 133).

Bereits im Alten Testament finden sich Hinweise auf die Meinung, dass sich der Anblick von Schönem oder Hässlichem auf das Kind auswirkt. Im Volksglauben stellte man sich diese Auswirkungen mitunter recht konkret vor: „Versah die Schwangere sich an einer Maus oder einem Hund, so glaubte man, das Kind bekomme Mäusehaut oder Hundefüße; ein Hase, der nachts einer Schwangeren über den Weg läuft und sie erschreckt, hielt man für die Ursache einer Hasenscharte; der Anblick der rothaarigen Nachbarin oder eines Eichhörnchens konnte das Kind zu einem Rotschopf machen. Die schwangere Frau hatte sich davor zu hüten, den Mond zu betrachten, da man glaubte, das Kind werde mondsüchtig oder Schlafwandler" (B. Spitzer 1999, S. 134). Wie aus dem *Handwörterbuch des deutschen Aberglaubens* (Band 7, S. 1421-1423) hervorgeht, wurde beispielsweise sogar missgebildeten Menschen befohlen, schwangeren Frauen aus dem Wege zu gehen, damit bei diesen nicht der Anblick einer Missbildung zu einer Missbildung beim noch ungeborenen Kind führt. Dass der Glaube von einem Effekt des „Versehens" bis heute von vielen geteilt wird, zeigt eine im Jahr 1987 geführte Umfrage an 48 Hebammen in Bayern (Hintereicher, zit. nach B. Spitzer 1999 S. 135), derzufolge nicht wenige der Befragten Angaben über schädliche Auswirkungen des Versehens auf das werdende Kind machten.

Mit dem Aufkommen der naturwissenschaftlichen Denkweise in der Medizin gerieten die Überlegungen zu den Auswirkungen psychologischer Traumata, wie wir heute sagen würden, auf den Verlauf der Schwangerschaft und auf die Entwicklung des Kindes zunehmend in Misskredit. So sprachen sich fortschrittliche Ärzte im 17. und 18. Jahrhundert deutlich gegen die antiken Überlegungen aus und bezeichneten sie unter anderem als „Glaubensartikel des finsteren Altertums" (Thilenius; zit. nach B. Spitzer 1999, S. 136). Also alles Unsinn? – Keineswegs!

Zunächst stimmt nachdenklich, dass man bereits seit alters wusste, dass sich das Versehen, also psychische Traumata, vor allem in der ersten Schwangerschaftshälfte, ungünstig auf die kindliche Entwicklung auswirkt. Heute weiß man, dass teratogene Effekte ab dem 17. Tag der Schwangerschaft (bis dahin gilt das so genannte Alles-oder-Nichts-Gesetz, d.h., die Entwicklung läuft entweder unbeeinflusst weiter oder bricht ab) bis zum Ende des ersten Trimenons auftreten können. Auch ist bekannt, dass die verschiedensten Umweltbedingungen des Feten einen Einfluss auf dessen Entwicklung nehmen können. Selbst nach dem ersten Schwangerschaftsdrittel sind noch ungünstige Einflüsse auf die kindliche Entwicklung möglich, die sich beispielsweise als stressbedingte Sollwertverstellungen hormonaler Regelkreise – man denke an die Hypophysen-Nebennierenrinden-Achse – manifestieren. Es sind somit durchaus Mechanismen denkbar, über die intrauteriner Stress ungünstige Auswirkungen auf die kindliche Entwicklung bis hin ins Erwachsenenalter haben kann.

Psychologische Auswirkungen im Sinne teratogener Effekte wurden in der Vergangenheit kontrovers diskutiert. Eine kürzlich in der Zeitschrift *Lancet* publizierte Untersuchung belegt jedoch zweifelsfrei, dass emotionaler Stress während der Organogenese kongenitale Malformationen verursachen kann (Hanssen et al. 2000).

Mit Hilfe des dänischen Geburtenregisters identifizierten die Autoren 452.625 Frauen, die zwischen dem 1. Januar 1980 und dem 31. Dezember 1992 insgesamt 698.625 Lebend- oder Totgeburten hatten.

Schwere psychosoziale Stressoren wurden mittels der Achse IV des DSM-III ermittelt, bei der es sich um ein Bewertungssystem von Lebensereignissen mit sechs Schwerekategorien handelt. Mit Hilfe des nationalen Sterberegisters wurden zudem Informationen über den Tod von Lebenspartnern bzw. Kindern gewonnen (einschließlich der genauen Daten der Ereignisse im Verhältnis zur Konzeption und Schwangerschaft), sodass insgesamt sehr verlässliche Daten generiert wurden. Man identifizierte auf diese Weise 3560 Schwangerschaften bei 3255 Frauen, die man mit einer Kontrollgruppe von 20.299 Schwangerschaften bei 19.948 Frauen ohne schwere seelische Traumata (einer Zufallsauswahl aus 694.885 Schwangerschaften) vor und während der Schwangerschaft verglich. Teratogene Effekte wurden mittels des nationalen Registers für kongenitale Malformationen und dem nationalen Register von Krankenhausentlassungen identifiziert und durch Gegenprüfungen verifiziert.

Das wesentliche Ergebnis dieser Untersuchung ist, dass Mütter mit schwerwiegenden Lebensereignissen während der Schwangerschaft ein erhöhtes Risiko aufweisen, ein Kind mit einer Missbildung im Bereich des kranialen Neuralrohrs zu bekommen. Dieses erhöhte Risiko betraf nicht andere Missbildungen, sondern nur kraniofaziale Defekte (Lippen-Kiefer-Gaumen-Spalte, Malformationen der Ohren und Aplasien des Thymus). Die deutlichste Verbindung zwischen Lebensereignissen und Missbildungen wurde bezeichnenderweise bei den Frauen gefunden, bei denen während des ersten Trimenons, der Zeit der Organogenese, ein älteres Kind unerwartet verstorben war.

Das Besondere an der referierten Studie ist ihre außergewöhnliche Größe sowie einige methodische Details, die sie gegenüber Zweifeln am Ergebnis recht immun machen. Die Untersuchung war insgesamt nicht selektiert, die Daten basierten auf unabhängig gewonnenen Informationen zu den traumatisierenden Lebensereignissen und das Follow-up war komplett. Auch wurden nur schwere Lebensereignisse ausgewählt, da man sich bei diesen einigermaßen sicher sein kann, dass sie in jedem Falle, unabhängig von der Persönlichkeit der Schwangeren, deren Copingmechanismen, der sozialen Unterstützung bzw. dem sozialen Umfeld, traumatisierend wirken.

Die Studie macht damit unmissverständlich klar, dass schwerer emotionaler Stress zu kongenitalen Malformationen führen kann, und unterstreicht damit bereits vorliegende Befunde, denen zufolge Missbildungen sowohl bei ungewollten Schwangerschaften (mit vermutlich erhöhtem Stress bei den Frauen) als auch bei traumatischen Ereignissen wie Arbeitsplatzverlust, Trennung vom Partner oder Trauer durch Verlust des Partners um den Zeitpunkt der Konzeption herum mit erhöhter Wahrscheinlichkeit auftreten. Die meisten der früheren Studien waren zahlenmäßig klein und mit methodischen Problemen behaftet, sodass sie keine wasserdichten Schlussfolgerungen erlaubten.

Die Tatsache, dass sich die Missbildungen durch traumatische Lebensereignisse bei der Mutter während der Organogenese vor allem auf das Neuralrohr beziehen, ist möglicherweise darin begründet, dass die Gehirnentwicklung äußerst komplex ist und durch multiple Wanderungsvorgänge von Zellen gekennzeichnet ist, die ihrerseits durch biochemische Prozesse gesteuert werden. Wenn jedoch Zellwanderungen von einem komplexen Wechselspiel von Wachstumsfaktoren, Hormonen, Substanzgradienten etc. abhängig sind, so ist auch leicht denkbar, dass diese Prozesse sehr anfällig sind für umweltbedingte Störungen der genannten Systeme. Es ist also wahrscheinlich kein Zufall, dass traumatisierende Lebensereignisse bei der Mutter zu Störungen im Bereich der Neuralrohrentwicklung im Rahmen der Organogenese führen.

In jedem Falle belegt die Studie, dass über Generationen gemachte Erfahrungen bei aller spekulativ überhöhten Verformung einen wahren Kern beinhalten können, was gerne gerade von besonders „fortschrittgläubigen Ärzten" nicht zur Kenntnis genommen wird. Kaum der Erwähnung bedarf die Tatsache, dass das hier diskutierte Beispiel einmal mehr zeigt, wie eng die Verbindungen von Seele und Leib sind und dass diese Verbindungen keine Einbahnstraßen sind, sondern in beide Richtungen gehen: nicht nur sind Missbildungen für die Mutter seelisch höchst traumatisch, auch seelische Traumata können Missbildungen verursachen! Der Volksmund hat Recht: Schwangere sollten vielleicht doch den Rat von Frau Fischer-Dünckelmann beherzigen, die 1903 in ihrem Gesundheitsratgeber schrieb (zit. nach B. Spitzer 1999, S. 135), dass schwangere Frauen alles Hässliche meiden, sich mit Kunstgegenständen umgeben und gute Bücher lesen sollten. Sie sollten weiterhin „das Schöne in der Natur aufsuchen … – harmonisch und friedlich sei die Umgebung einer Frau, die einem neuen Menschen das Leben geben will!"

Literatur

1. Bächthold-Stäubli u.a., Hrsg. Handwörterbuch des deutschen Aberglaubens, 10 Bde. 3. Aufl. Berlin – New York: de Gruyter 2000.
2. Grimm J, Grimm W. Deutsches Wörterbuch. München: Deutscher Taschenbuch Verlag 1984.
3. Hanssen D, Lou HC, Olsen J. Serious live events and congenital malformations: a national study with complete follow up. Lancet 2000; 356: 875–80.
4. Spitzer B. Der zweite Rosengarten. Eine Geschichte der Geburt. Hannover: Elwin Staude Verlag 1999.

Genetik und der Tod zukünftiger Patienten

Das *Human Genome Project:* Möglichkeiten, mögliche Grenzen und Gefahren

Am 29. Juni 2000 wurde die Entschlüsselung des menschlichen Genoms gefeiert. Auch wenn nicht ganz klar war, warum gerade zu diesem Zeitpunkt die Korken knallten – man hatte zu diesem Zeitpunkt 97% des Genoms kartiert, 85% sequenziert und wirklich ganz fertig war man mit 24% (Macilwain 2000) –, so wird auf jeden Fall das Jahr 2000 in die Wissenschaftsgeschichte eingehen als das Jahr, in dem die Menschheit ihr Erbgut entschlüsselt hat. Schon jetzt steht fest, dass das Wissen um die etwa einhunderttausend Gene bzw. gut drei Milliarden Basenpaare des menschlichen Genoms – also etwa die Informationsmenge, die auf eine CD passt – die Medizin als angewandte Biowissenschaft und die Psychiatrie als angewandte Neurowissenschaft grundlegend verändern wird. Dieser Wandel wird tiefgreifend und weitreichend sein. Er wird unsere Art, mit Krankheit, Leben und Tod umzugehen, sowie die Gesellschaft als Ganze, unser aller Leben, auf eine Art verändern, verglichen mit der die Wandlungen, die uns der PC in den achtziger und das Internet in den neunziger Jahren beschert haben, eher blass erscheinen dürften.

Der Fortschritt zeigt sich dabei derzeit anders, als er in Wahrheit ist: Die Medien berichten vom Wettlauf zwischen der Privatfirma des Herrn Craig Venter und einer internationalen staatlichen Initiative (dem Human Genome Project), die sich von anderen staatlichen Aktivitäten vor allem dadurch sehr positiv abhebt, dass man erstens mit weniger Geld, zweitens deutlich früher als geplant, drittens erfolgreich zu einem Abschluss kommt. Auch wenn sich in der Hitze des vermeintlichen Zieleinlaufs die Pressemeldungen überschlagen und es zunächst so scheinen mag, als sei mit der Entschlüsselung des Genoms die Arbeit getan, so wird bei näherer Betrachtung deutlich, dass das Gegenteil der Fall ist: Die Arbeit kann jetzt erst richtig losgehen. Man schätzt, dass jedes Gen einschließlich seines Genprodukts etwa 40 Jahre lang untersucht werden wird, und dass das Human Genome Project daher die Einrichtung von weltweit mindestens 50000 (!) neuen Professuren nach sich ziehen wird (Cohen 2000).

Nicht selten wird die Entdeckung bestimmter krankheitsverursachender Gene mit unmittelbaren therapeutischen Konsequenzen verbunden, vor allem mit der Gentherapie, also mit dem Einschleusen „gesunder Gene" in die genetisch kranken Zellen eines Patienten. Dies ist zwar prinzipiell möglich, in der Praxis steckt der Teufel jedoch in sehr vielen komplexen Details. Insbesondere mangelt es der Gentherapie bis heute an einem essentiellen Werkzeug, nämlich der verlässlichen, unkomplizierten und nebenwirkungsfreien Einschleusung von Genmaterial in die zu manipulierenden Zellen. Die Gefahren gentherapeutischer Verfahren wurden zudem in der jüngeren Vergangenheit systematisch unterschätzt. Nachdem es jedoch zu einem Todesfall im Bereich der Gentherapie gekommen ist, wurde dieser im Hinblick auf insuffizientes Risiko-Management mit dem Challenger-Unglück verglichen (H. Willard; zitiert in Marshall 2000, S. 951).

Mittel- bis langfristig wird der mit dem Human Genome Project verknüpfte medizinische Fortschritt vor allem präventive Maßnahmen betreffen: Bei bekannten genetischen Risiken wird man therapeutische Strategien entwickeln, um das Auftreten der Erkrankung zu verhindern oder zumindest hinauszuzögern. Wie sich gegenwärtig schon abzeichnet, können solche Maßnahmen der Prophylaxe von der Lebensführung über Medikamente bis hin zu präventiven chirurgischen Eingriffen reichen. Je mehr man über Genprodukte und vor allem auch über deren Interaktion mit der Umwelt in Erfahrung bringen wird, desto breiter wird das diesbezügliche Wissen und um so mehr wird sich die Medizin von der Therapie auf die Prophylaxe verlagern. Aber auch die Gentherapie wird kommen, jedoch deutlich später, als man noch vor wenigen Jahren in einer anfänglichen Euphorie geglaubt hat.

Neben künftigen Möglichkeiten der Prophylaxe und Therapie kommt jedoch auch etwas, das es gegenwärtig schon gibt, in einer wesentlich erweiterten und sich damit möglicherweise selbst ad absurdum führenden Form: das genetische Screening von Embryonen. Trisomie 21, Mukoviszidose und Chorea Huntington gehören zu den Erkrankungen, die heute bereits in großem Stil intrauterin diagnostiziert werden. Die Konsequenz des Screenings, die Abtreibung des Föten, gehört – wie man auch immer zu ihr stehen mag – zur Realität des gegenwärtigen medizinischen Alltags, die Verfahren von Diagnose und „Therapie" sind klinische Routine. (Gerade das Beispiel der Chorea zeigt deutlich, dass mit der Entdeckung des Gens vor mehr als einem Jahrzehnt und später auch des Genprodukts weder Prophylaxe noch Therapie gleichsam automatisch kommen.) Die Gesellschaft hat also längst entschieden, wie sie mit dem Risiko, an vorzeitigem geistigen Abbau zu leiden oder vorzeitig zu sterben, verfährt: Dieses Risiko führt zum artifiziell herbeigeführten Tod der zukünftigen Patienten. Was aber geschieht, wenn sich das Screening nicht mehr nur auf einige vergleichsweise seltene Erkrankungen mit relativ klar vorhersehbarem Krankheitsverlauf bezieht?

Verglichen mit der Information, die in der Folge des Human Genome Projects zu Allelen, Genprodukten und Krankheitsrisiken generiert werden wird, ist die gegenwärtig praktizierte Gewinnung und Verwendung genetischer Information als verschwindend gering einzustufen. Wenn das gesamte Genom eines Menschen – zunächst in ausgewählten Fällen und dann bei sinkenden Kosten der Verfahren durch Miniaturisierung und Automatisierung (z.B. mittels Gen-Chip-Technologie) später einmal womöglich flächendeckend – bekannt ist, lassen sich die individuellen Risiken einer Person, mit einem bestimmten Alter an einer bestimmten Krankheit zu leiden, vorausberechnen (inklusive der Konfidenzintervalle der Trefferwahrscheinlichkeit der Aussagen).

Gewiss, man wird, wie oben erwähnt, protektive Maßnahmen entwickeln, wie jedoch die Beispiele von Brustkrebs und Alzheimer-Krankheit zeigen, sind diese Maßnahmen mitunter wahrlich einschneidend für das Individuum (wie die beidseitige selektive Mamma-Amputation bei stark genetisch belasteten Frauen) oder zumindest kostspielig für die Gemeinschaft (die beispielsweise irgendwann über den „Luxus" lebenslanger Neuroprotektion bei entsprechend genetisch belasteten Menschen zu entscheiden haben wird).

Auch sind die Übergänge fließend: Der wahrscheinlich im dritten Lebensjahrzehnt eintretende Tod bei Mukoviszidose oder der mit 50 Jahren beginnende dementielle Abbauprozess mit tödlichem Ausgang bei der Chorea Huntington genügen heute zur Rechtfertigung des herbeigeführten Todes der künftigen Patienten. Was geschieht jedoch nach der Aufdeckung des Risikos einer Demenz, die erst mit 60 oder 70 auftritt, oder mit einem Karzinomrisiko mit 55? Wer kann heute sagen, was in einem halben Jahrhundert (vielleicht sogar deutlich früher und vielleicht auch ganz einfach) behandelbar ist und was nicht? Wie soll man mit der (wahrscheinlich als Regelfall auftretenden) Kombination von Risiken, an verschiedenen Erkrankungen zu verschiedenen Zeitpunkten zu erkranken, umgehen? Wer trägt die Kosten der lebenslangen Prophylaxen und wie viele – beispielsweise bei gleichzeitig bestehendem Brustkrebs- und Alzheimer-Risiko – Maßnahmen erlauben wir bei einer Person?

Im Hinblick auf diese Fragen ist der gegenwärtige Stand der Diskussion versicherungsrechtlicher bzw. versicherungsökonomischer Sachverhalte von Bedeutung. Die Interessen von Lebens-, Kranken- und Rentenversicherern sind dabei keineswegs deckungsgleich. Im Gegenteil, des Lebensversicherers Schiffbruch ist des Rentenversicherers Strandgut und umgekehrt, und da alle Menschen sterben müssen, würden Krankenversicherungen das genetische Make-up vor allem nach den Kosten der jeweiligen Todesart beurteilen. Ein Beispiel: Menschen mit genetisch bedingter hoher Risikobereitschaft („Sensation-Seekers") sterben mitunter kurz und billig, aber lebensversichern wird sie keiner wollen.

Man überlegt bekanntermaßen schon lange, ob Versicherungen Informationen über genetische Prädispositionen für Erkrankungen – das „genetische Make-up", wie es oft genannt wird – einer Person erhalten und verwenden dürfen. Solange es um wenige Krankheiten und teure Therapien geht, macht dies – aus der Sicht der Versicherer zumindest – großen Sinn. Ein Screening im Hinblick auf tausende oder zehntausende von Erkrankungen jedoch führt sich selbst ad absurdum, denn die Kosten dieser Maßnahmen müssen der Tatsache gegenübergestellt werden, dass sich wahrscheinlich bei den meisten Versicherten irgendein Risiko wird nachweisen lassen. Unter dem Strich mag sich dann ergeben, dass es billiger ist, alle gleich zu versichern, als jedes Individuum aufwendig zu screenen (mit dem Risiko, überall Risiken zu entdecken). Francis Collins, der Direktor des National Human Genome Research Instituts am National Institute of Health (NIH) der USA, meint entsprechend: „Wir alle laufen mit 30 bis 40 Fehlern in unserer DNA herum. Die Berechnung des aus all diesen resultierenden Risikos ist so hoffnungslos komplex, dass sie nicht durchführbar sein wird" (zitiert nach Marchant 2000, S. 21). Eine entsprechende Lösung wäre gerade im Hinblick auf die komplexen oft chronisch verlaufenden und für jede Versicherungssparte teuren psychiatrischen Erkrankungen zu wünschen.

Die Verhältnisse dürften bei den meisten Erkrankungen de facto durchaus noch komplizierter sein als bei den heute diagnostizierten Erkrankungen mit einem monokausalen relativ reinen genetischen Mechanismus. Betrachten wir einige Beispiele aus dem Bereich der Psychiatrie: Wir wissen aus Konkordanzstudien an monozygoten Zwillingen, dass das Risiko, an einer Schizophrenie zu erkranken, wenn die entsprechende genetische Prädisposition vorliegt, nur etwa 50% beträgt. Was bedeutet dies für die (vielleicht bald mögliche) Feststellung eines solchen genetischen Risikos? Oder: Wenn Risikobereitschaft („sensation seeking") genetisch auf das Konto bestimmter Dopamin-Rezeptor-Subtypen geht, sollte man dann entsprechend disponierten Personen das Drachenfliegen verbieten? Und was ist, wenn sie dann risikoreich radfahren? Müssen wir aber dann nicht auch zur Adipositas prädisponierten Patienten eine lebenslange Diät verordnen oder Menschen mit Risiko, an einer Depression zu erkranken, vor Frustrationserlebnissen besonders schützen und/oder ihnen zeitlebens Serotoninwiederaufnahmehemmer verordnen?

Viele Erkrankungen werden sich als polygen vererbt herausstellen und vor allem als Produkt einer Wechselwirkung zwischen Genen und Umwelt. In manchen Fällen wird man nicht einmal sagen können, ob die genetische Ausstattung eines Individuums per se günstig oder ungünstig ist, denn je nach Umwelt wirken sich die Gene (genau genommen die unterschiedlichen Allele eines Gens) verschieden aus. Betrachten wir hierzu zwei Beispiele: Beim Fadenwurm C. elegans wurde ein Gen identifiziert, das die Lebenszeit der dieses Gen tragenden Individuen um 80% (!) verlängert. In Zeiten knapper Nahrung sterben die Genträger jedoch vergleichsweise rascher. Wer also kurz lebt, überlebt in diesen Zeiten besser (Walker et al. 2000). Angenommen, so etwas gäbe es beim Menschen, wer würde angesichts der noch immer knappen (und vielleicht in Zukunft noch knapperen) Ressourcen entscheiden wollen, beim Screening der Embryonen auf Langlebigkeit zu setzen? Ein zweites Beispiel: Bei Affen wurde eine klare Interaktion zwischen Serotonin-Rezeptor-Ausstattung einerseits und Erziehungsstil der Mutter andererseits beschrieben (Suomi 1998): Aggressive Babies beißen beispielsweise der Mutter beim Stillen die

Brustwarze blutig und werden von wenig toleranten Müttern daher nicht genügend mit Nahrung versorgt, weswegen sie mit hoher Wahrscheinlichkeit früh sterben. Treffen aggressive Affenbabies hingegen auf tolerante Mütter, kommen sie nicht nur durch, sondern enden als Alpha-Tier in der Horde der nächsten Generation, d.h. haben viele Nachkommen. Nichtaggressive Affenbabies überleben, unabhängig davon, ob die Mutter tolerant ist oder nicht (d.h. unabhängig vom Erziehungsstil der Mutter) und landen irgendwo in der Mitte der Hordenhierarchie mit entsprechend weniger Nachkommen. Die genetische Ausstattung eines Äffchens im Hinblick auf Aggressivität macht also entweder überhaupt nichts aus oder sie entscheidet über Leben und Tod (d.h., es liegt der klassische Fall einer Wechselwirkung von Anlage und Umwelt vor). Auf den Menschen übertragen bedeutete dies, dass psychosoziale Faktoren in die Überlegungen zum Krankheitspotential einer bestimmten genetischen Disposition mit einbezogen werden müssen. Selbst wenn wir dieses komplexe Wissen einmal als bekannt voraussetzen, sind diese Faktoren schwer zu kontrollieren: Im allgemeinen sind weder Hungersnöte noch böse Stiefmütter geplant.

In Anlehnung an John Rawls (1971) könnte man fragen, in welcher Gesellschaft man denn lieber leben würde: einer, die auf jegliches genetisches Screening bewusst verzichtet und das genetische Make-up einer Person als Ausgang eines Würfelspiels betrachtet (bei dem es ja auch zu den Spielregeln gehört, dass man nicht mehrfach würfelt, bis der Wurf passt, oder an den Würfeln herummanipuliert); oder in einer, die alles selbst (und selbstbestimmt) in die Hand nimmt, einschließlich der intrauterinen Tötung genetisch suboptimaler Organismen?

Eines ist klar: Überlässt man diese Frage nationalen Regierungen und dem Markt, d.h. ändern sich die politischen Entscheidungsstrukturen in den kommenden Jahren nicht wesentlich, dann wird sich die kostengünstigere Alternative langfristig automatisch durchsetzen. Ob diese dem Menschen eher entspricht, sei dahingestellt. Daher ist ein weiteres klar: wir sollten über diese Fragen ernsthaft nachdenken und können es uns nicht leisten, auf Professionalität auch in diesem Bereich der Wissenschaft zu verzichten. Müssten wir also nicht einige der 50000 neuen Lehrstühle mit Philosophen besetzen?

Literatur

1.   Cohen P. Lights, camera, action! New Scientist 2000; 166 (20.5.2000): 18-9.
2.   Macilwain C. World leaders heap praise on human genome landmark. Nature 2000; 405: 983-4.
3.   Marchant J, Day M. Health and happiness ... or doom and gloom? New Scientist 2000; 166 (20.5.2000): 20-1.
4.   Marshall E. Gene therapy on trial. Science 2000; 288: 951-7.
5.   Rawls J. A theory of justice. Cambridge MA: Harvard University Press 1971.

6. Suomi S. J. Vortrag auf der 114. Wanderversammlung für Neurologen und Psychia-
    ter, Baden-Baden 1998.
7. Walker DW, McColl G, Jenkins NL, Harris J, Lithgow GJ. Evolution of lifespan in
    C. elegans. Nature 2000; 405: 296-7.

Verlobungsringe, Parasiten und Gehirne

E inem ungeschriebenen Gesetz der amerikanischen Kultur zufolge sollte der Verlobungsring mindestens etwa zwei Monatsgehälter kosten. Warum hält sich ein solcher Brauch in einer Gesellschaft, die ansonsten die Erledigung der unterschiedlichsten Aktivitäten des Lebens ökonomisch optimiert (wenn man einmal nicht eine extrem erfolgreiche manipulative Werbestrategie des Diamanten-Konzerns DeBeers unterstellt)? Ein Diamant kostet den Schenkenden viel, bringt jedoch der Beschenkten im Grunde fast nichts; er ist damit das genaue Gegenteil einer vernünftigen Investition. Warum gibt es so etwas, zumal gerade in dem Land, das sich besonders auf das richtige Investieren zu verstehen scheint?

Dieses Problem löst bei Biologen bis heute hitzige Diskussionen aus, gibt es doch im Tierreich viele Äquivalente zu solch vermeintlich unsinnigem Verhalten, die eine Erklärung fordern. Das vielleicht berühmteste Beispiel stellt das Rad männlicher Pfauen dar. Es ist vollkommen nutzlos und bringt dem Pfauenmann nur Nachteile: Es kostet Energie, die Federn wachsen zu lassen, sie mit sich zu tragen und zu erhalten. Es ist zudem schwerer, einem Raubtier mit so viel Ballast zu entkommen. Da alle Lebewesen, einschließlich ihrer Verhaltensweisen, Produkt der Evolution sind, stellt sich die Frage, warum Pfauen mit großen langen bunten Schwanzfedern evolutiv entstehen konnten bzw. warum sie nicht längst ausgestorben sind. Allgemein lautet die Frage, wie etwas scheinbar Nutzloses in der Natur überhaupt entstehen kann.

Bekanntermaßen benutzen Pfauenmänner ihre farbenprächtigen Schwanzfedern, um ein Rad zu formen und mit diesem spektakulären Schauspiel Pfauenweibchen zu beeindrucken; Biologen haben festgestellt, dass dies auch tatsächlich funktioniert: Pfauenfrauen paaren sich mit den Pfauenmännern, die die prächtigsten Schwanzfedern haben! – Denkt man etwas nach, so befriedigt diese Antwort jedoch nicht: Warum, so muss man fragen, haben Pfauenweibchen einen so seltsamen Geschmack? Wer sich mit einem Männchen paart, dessen Gene einen offensichtlichen Nachteil mit sich bringen, setzt die eigenen Gene diesem Nachteil ja auch aus und sorgt damit für eine geringere Überlebenswahrscheinlichkeit der Nachkommenschaft. Mit anderen Worten: Ebenso wie mit großen farbenprächtigen Schwanzfedern steht es mit der Vorliebe für dieselben: Beides sollte aussterben bzw. gar nicht erst entstehen, denn es bringt nur Nachteile im Hinblick auf das Überleben.

Man muss dabei nicht einmal annehmen, dass alle besonders schönen Pfauen aufgefressen werden. Es genügt schon die Annahme, dass das Wachstum der Federn und deren Herumtragen Ressourcen binden, die ansonsten auf rascheres Wachstum und damit raschere Reproduktion verwendet werden könnten. Die Evolution würde somit automatisch für das sorgen, was man heute gerne *Lean capitalism* nennt, also für das Ausmerzen von unnützen Eigenschaften und Verhaltensweisen.

Wenn dem aber so ist, warum singt dann das Nachtigallmännchen und warum geben sich Nachtigallweibchen den besten Sängern hin? Warum sind manche männlichen Käfer so bunt (und damit für Vögel mit gutem Farbensehen ein buchstäblich leichtes Fressen), warum haben Elchmänner riesig große, unförmige und nutzlose Geweihe oder die männlichen Tiere mancher Affenarten eine sehr auffällige Gesichtsbehaarung? Warum gibt es also in der Natur so viel vermeintlich Nutzloses?

Die Antwort der modernen Biologie auf diese Frage lautet kurz zusammengefasst etwa so: Sexuelle Reproduktion läuft aus bestimmten Gründen (deren Ausführung hier zu weit führen würde; vgl. Dawkins 1976, Buss 1994) in vielen Fällen so ab, dass Männchen um Weibchen konkurrieren, und diese wiederum aus den Männchen diejenigen zur Paarung auswählen, die am „fittesten" sind, also die weiblichen Gene in der nächsten Generation am ehesten weitergeben. Alle anderen Wahlstrategien sterben schlechterdings aus, d.h., ein Weibchen, das nicht wählerisch in Bezug auf den Reproduktionspartner ist, wird weniger bzw. weniger fitte Nachkommen haben; die Erbanlage hingegen, die Weibchen wählerisch macht, wird langfristig zur genetischen Ausstattung von Weibchen gehören. Männchen unterliegen daher nicht nur dem Evolutionsdruck des Survival of the fittest, sondern auch der sexuellen Selektion, d.h. der Auswahl durch den Sexualpartner, mit dem zusammen die eigenen Gene jeweils weitergegeben werden.

Wie aber erkennt ein Weibchen die Fitness des Männchens? Es geht hier wohlgemerkt nicht unbedingt um das, was man in diversen Studios an Kraftmaschinen seinem Körper antut, sondern um genetische Fitness, die letztlich als Wahrscheinlichkeit definiert ist, mit der die Gene eines Organismus in den nächsten Generationen vertreten sind. Da in der Natur Lug und Trug an der Tagesordnung sind (vgl. Trivers 1985), haben es die Weibchen schwer, zwischen unfitten Angebern und tatsächlich fitten Männchen zu unterscheiden. Sie orientieren sich bei ihren Entscheidungen daher an so genannten Fitness-Indikatoren, die von Biologen in den vergangenen Jahren recht genau erforscht wurden.

Ein Fitness-Indikator ist eine Eigenschaft, die sich ein Männchen sozusagen leisten kann, gerade weil es vor Gesundheit und Kraft nur so strotzt, und die daher anzeigt, dass es ein genetisch besonders qualitativ hochwertiges Männchen ist. Auf das Beispiel des Pfauen übertragen heißt dies: Nur wer über besonders große Körperkraft, scharfe Sinneswahrnehmung, leistungsfähige Immunabwehr oder rasche Reaktionsgeschwindigkeit verfügt, kann sich eine bunte übergroße Federpracht leisten. Sofern es also Variationen der Fitness männlicher Individuen in dieser oder anderer relevanter Hinsicht (oder irgendwelchen Kombinationen hiervon) gibt, ist es für das Pfauenweibchen sinnvoll, sich dasjenige Pfauenmännchen zur Reproduktion auszusuchen, das am verschwenderischsten mit seinen Ressourcen umgeht. Pfauenmännchen mit großem bunten Rad und Pfauenweibchen mit einem Geschmack für großes buntes Radförmiges werden daher langfristig fittere Nachkommen produzieren.

Diese Überlegung setzt voraus, dass es überhaupt individuelle Variationen der Fitness gibt. Warum, so lautet die Frage, sind nicht alle Individuen einer Art optimal an ihre Umgebung angepasst – schließlich ließ ihnen die Evolution ja offensichtlich lange genug hierfür Zeit? Auf die Pfauen übertragen lautet die Frage somit, warum nicht alle Pfauen kräftig sind, scharf sehen, Erkrankungen abwehren und rasch reagieren, wenn doch für die Weibchen genug Zeit war, bei der Paarung immer nur die fittesten Männchen zu wählen? Diese scheinbar einfache Frage – warum gibt es Unterschiede zwischen Individuen einer Art im Hinblick auf ihre Fitness – beschäftigt Biologen seit etwa zwei Jahrzehnten. Es gibt im Wesentlichen zwei Antworten: Mutationen und Parasiten.

Obgleich Organismen durch Mutation und Selektion entstanden sind, haben die meisten Mutationen einen ungünstigen Effekt, d.h. vermindern die Fitness eines Individuums. Damit eine Art langfristig erhalten bleibt, müssen spontan auftretende Mutationen irgendwie ausgemerzt werden, was in aller Regel durch eine Reduktion der Fitness, d.h. durch eine Verringerung der Fortpflanzungswahrscheinlichkeit, erfolgt. Wäre es nun nicht praktisch, wenn es eine Möglichkeit für weibliche Individuen gäbe, die Anzahl der Mutationen eines männlichen Organismus abzuschätzen? Damit dies möglich ist, wäre ein Organ zu bewerten, dessen Funktion möglichst komplex und durch das Zusammenspiel sehr vieler Gene bedingt ist, denn dann würde die Funktion dieses Organs ein sehr sensibles Maß für die Häufigkeit von Mutationen darstellen. Wie Miller (2000) argumentiert, ist das menschliche Gehirn, für dessen Entwicklung die Hälfte aller Gene eine Rolle spielt und in dem etwa ein Drittel aller Gene exprimiert (d.h. funktional) sind, ein sehr geeigneter Kandidat für genau diese Rolle: Das Gehirn vermittelt wesentlich mehr Information über etwaige Spontanmutationen und damit die genetische Fitness eines Organismus als jedes andere Organ, denn seine Funktion ist von der Interaktion von weitaus mehr Genen abhängig. So betrachtet ist das Gehirn ein genauer Indikator genetischer Gesundheit, eine Art Achillesferse, die sehr genau anzeigt, wie fit ein Männchen tatsächlich ist. Gerade diese Eigenschaft der *offensichtlichen Anfälligkeit* macht das Gehirn und seine Leistungen damit zu einem sehr guten Fitness-Indikator.

Praktisch alle komplexeren Organismen wie Insekten, Reptilien, Vögel oder Säugetiere (und damit auch wir Menschen) sind nicht nur permanent von Spontanmutationen bedroht, sondern auch von Parasiten. Dieser Gedanke erscheint zunächst eigenartig, ist jedoch bei näherer Betrachtung nicht von der Hand zu weisen (vgl. hierzu Ridley 1993): Ganz gleich ob Viren, Bakterien oder Würmer, Parasiten entwickeln sich parallel mit ihren Wirtsorganismen. Sie haben dabei einen rascheren Generationenwechsel und sind daher in evolutionärer Hinsicht (d.h., was ihre Fähigkeit zur Anpassung durch Mutation und Selektion anbelangt) schneller als ihre Wirte. Entwickelt eine Wirtspezies mithin eine Abwehrstrategie (ebenfalls durch Mutation und Selektion), so sind die Parasiten in aller Regel schneller mit ihren Gegenmaßnahmen, denn sie reproduzieren sich viel schneller. Kurz, Parasiten sind ihren Wirten im Grunde immer voraus, weswegen sie für die Wirte – analog zum ständigen Auftreten von Spontanmutationen – eine permanente Bedrohung darstellen. Damit gilt, dass sich keine Art eines größeren Organismus in einem evolutionären Gleichgewicht befindet, denn die einzelnen Individuen kämpfen beständig – *mit variablem Erfolg* – gegen die sie plagenden Parasiten. Der große bunte Federschmuck des männlichen Pfauen signalisiert, dass sein Träger relativ frei von Parasiten ist, denn Bandwürmer, Blutsauger, Bakterien und Viren hätten ansonsten die Entwicklung des schönen Rades vereitelt. Pfauenfrauen mit Geschmack für große bunte Räder geben ihre Gene damit eher an abwehrstarke und somit parasitenärmere Nachkommen weiter. Oder anders: Pfauenfrauen mit anderen ästhetischen Präferenzen waren evolutionsgenetische Sackgassen.

Wir haben gesehen: Ein wesentliches Merkmal von Fitness-Indikatoren stellt gerade ihre Nutzlosigkeit dar! Ebenso wie der heiratswillige Mann seiner Verlobten durch einen teuren Ring signalisiert, dass er sich solcherlei Verschwendung leisten kann und damit auch für jahrzehntelange Unterstützung der Nachkommen gewappnet ist, zeigt der Elch mit dem besonders großen Geweih, die Nachtigall mit dem besonders abwechslungsreichen Gesang und der Pfau mit dem besonders großen schönen bunten Rad: Ich kann mir dies leisten, denn ich bin fit.

Beenden wir unseren Argumentationsgang mit dem folgenden Gedanken: Viele Fähigkeiten des menschlichen Gehirns sind an Nutzlosigkeit nicht zu überbieten. Warum, so kann man in unserem Zusammenhang fragen, gibt es Musik, Malerei, Tanz, elaborierte Sprache und Humor? Diese sehr menschlichen Tätigkeiten tragen nichts zum Überleben bei. Im Gegenteil! Wer singt, tanzt, schwätzt oder gar blödelt, verschwendet mittelfristig bestenfalls Energie (die er für die Suche nach Nahrung oder einem Geschlechtspartner aufbringen könnte) und wird ungünstigstenfalls kurzfristig Energielieferant eines hungrigen Raubtiers. Viele menschliche Tätigkeiten bzw. Fähigkeiten des menschlichen Gehirns erscheinen somit im Prinzip überflüssig und nutzlos. Warum gibt es sie dann?

Nach den bisherigen Ausführungen fällt die Antwort auf diese Frage nicht mehr schwer: Das Gehirn mit all seinen wundervollen Fähigkeiten und seinem verschwenderischen Umgang mit Energie (25% dessen, was wir essen, wird von 2% unseres Körpers, dem Gehirn, verbraucht) ist das Produkt sexueller Selektion. Es stellt einen Fitness-Indikator dar.

Vielleicht noch ein Letztes: Diese Sicht der Dinge schließt keineswegs aus, dass unser Gehirn auch etwas nützt. Sie zeigt lediglich, dass man die Frage nach dem evolutionären Nutzen von Merkmalen nicht übertreiben darf. Sexuelle Selektion kann – so der hier vorgestellte Argumentationsgang – zur Entwicklung von zunächst Nutzlosem führen. Dies war im Laufe der Evolution mit hoher Wahrscheinlichkeit von größter Bedeutung. Betrachen wir hierzu folgendes Problem: Immer wieder kam es im Verlauf der Entwicklung der Arten zum Entstehen völlig neuer Merkmale und Eigenschaften, und es ist vielfach schwer vorstellbar, wie die „Zwischenschritte" dieser Entwicklung überleben konnten. Machen wir hierzu ein Gedankenexperiment (vgl. Miller 2000, S. 170f): Es ist schwer vorstellbar, wie ein so kompliziertes Organ wie beispielsweise die Flügel eines Vogels aus den verkümmerten Arm-Gliedmaßen der evolutionären Vorfahren der Vögel, der Saurier, entstehen konnte. Gewiss, man kann sich vorstellen, dass eine Mutation zu einem Hautlappen zwischen oberen Gliedmaßen und Oberkörper geführt hat. Es ist jedoch kaum wahrscheinlich, dass dieser Protoflügel dem Träger schon das Fliegen ermöglichte. Im Gegenteil, er kostete Energie und war wahrscheinlich eher hinderlich. Nicht anders steht es um die Resultate weiterer Mutationsschritte. Mutation und Selektion allein können somit das Überleben der vielen notwendigen Zwischenschritte bei der Evolution komplexer Merkmale bzw. Organe nicht plausibel machen. Hier kommt sexuelle Selektion zu Hilfe. Man braucht nur anzunehmen, dass dieser Hautlappen vielleicht dazu diente, die eigene Größe etwas zu übertreiben, um damit ein potenzielles Weibchen zu beeindrucken. Gerade wenn der Hautlappen völlig überflüssig war, bildete er einen guten Fitness-Indikator und bedingte damit eine weibliche Präferenz für zunehmend große Hautlappen.

Sexuelle Selektion hat damit eine ähnliche Funktion wie Risikokapital in einem Wirtschaftssystem: Sie fördert zunächst sinnlose Neuerungen, die sich später als Kern ganzer Wirtschaftszweige entpuppen können. Würde man immer nur auf kurzfristigen Gewinn schauen (analog zu Mutation und Selektion, die immer auf der Ebene des in evolutionärer Zeitskala kurzlebigen Einzelindividuums wirken), so könnte sich wirklich Neues niemals oder nur sehr langsam entwickeln.

Übertragen auf die Entwicklung unseres Gehirns macht diese Sicht verständlich, warum das menschliche Gehirn entwickelt war, bevor seine wesentlichen Vorteile lebensbestimmend wurden: Wir, Vertreter der Art Homo sapiens mit unserem großen Gehirn, bevölkerten Afrika hunderttausend Jahre vor dem Beginn so wesentlicher, letztlich dem Gehirn zugeschriebener kultureller Errungenschaften, wie Ackerbau, Viehzucht, Werkzeugherstellung und -gebrauch, komplexe soziale Strukturen, Schrift, Recht oder Medizin. Unser komplexer Geist war zunächst nichts weiter als gleichsam das *Softwareäquivalent* von nutzloser Hardware, wie bunten Pfauenfedern oder großen Hirschgeweihen (vgl. Dawkins 2000). Erst später stellte sich heraus, dass man mehr damit anstellen kann, als durch Gemälde, Kreativität, Musik, Poesie und Humor das andere Geschlecht zu beeindrucken.

Noch ein Allerletztes: Diese für den Laien zunächst neuen und vielleicht unerwarteten Gedanken – große Gehirne und komplexe nutzlose geistige Leistungen, analog zu Verlobungsringen, als Indikatoren der Fitness zur Parasitenabwehr – verdeutlichen nahezu unüberbietbar die Buntheit gegenwärtigen evolutionsbiologischen Denkens. Gewiss, man kann das menschliche Gehirn auch als Produkt der Entwicklung immer besserer Techniken zur Kommunikation beim Jagen (Hurford et al. 1998, Pinker 1994), zur Täuschung anderer beim Verteilen der Beute (Cosmides et al. 1992) oder zur Kriegführung zwischen Stämmen (Alexander 1989) auffassen. Die jüngere Geschichte zeigt jedoch die Gefahren derartiger, auf Gewalt und Stärke fokussierter Gedanken! Die Idee, unser Gehirn entwickelte sich – allen Nachteilen für das Überleben zum Trotz – zunächst zum Meistern von Kunst, Dichtung, Musik und Tanz, und erst später stellten sich Überleben und bessere Kriegführung als Nebenprodukte ein, ist ungewöhnlich. Mir gefällt sie.

Literatur

1. Alexander RD. The evolution of the human psyche. In: Mellars P, Stringer C (Hrsg) The human revolution. Edinburgh University Press 1989; 455-513.
2. Buss DM. The evolution of desire. New York: Basic Books 1994.
3. Cosmides L, Tooby J. Cognitive adaptations for social exchange. In: Barkow JH (Hrsg) The adapted mind. Oxford University Press 1992; 163-228.
4. Dawkins R. The selfish gene. Oxford University Press 1976.
5. Dawkins R. Kommentar in Miller (s.u.), Schutzumschlag 2000.
6. Hurford J, Studdert-Kennedy M, Knight C (Hrsg). Approaches to the evolution of language. Cambridge University Press 1998.
7. Miller GF. The mating mind. New York: Doubleday 2000.
8. Pinker S. The language instinct. Allen Lane, London 1994.
9. Ridley M. The red queen: Sex and the evolution of human nature. New York: Viking 1993.
10. Trivers R. Social Evolution, Kapitel 16: Deceit and self-deception. Menlo Park: Benjamin Cummings 1985.

Epilog: Seitensprünge, wählerische Weibchen, langweilige Männchen und die Unausrottbarkeit von Dummheit

Zu den größten Belohnungen für das monatliche Abfassen zweier Kurzgeschichten aus dem Bereich der Neurobiologie und Nervenheilkunde gehören die Anregungen, Rückmeldungen, Kritiken und ganz allgemein die sich oft anschließenden Gespräche und Korrespondenzen. Es macht ganz einfach Spaß, mit Kollegen nicht nur über Berufspolitik und Abrechnungsziffern, sondern auch über *Inhalte* zu sprechen. Hierbei erlebe ich immer wieder angenehme Überraschungen.

So auch bei einer Rückmeldung (von recht vielen) zum vorstehenden Beitrag in Geist & Gehirn aus dem Juliheft der *Nervenheilkunde* 2000. Ein Kollege, Lehrstuhlinhaber für Psychotherapie und Psychosomatik an einer deutschen Universität und zugleich Hobbyvogelkundler, übersandte mir eine Arbeit zur sexuellen Selektion von „Fremdgeh-Verhalten" bei Vögeln aus dem *Journal für Ornithologie*, das zugegebenermaßen nicht zu dem etwa einen Dutzend Zeitschriften gehört, die ich regelmäßig an den vielen vernebelten Ulmer Sonntagnachmittagen durchblättere.

In dieser Arbeit (Amrhein 1999) werden die Auswirkungen der sexuellen Selektion auf das Paarungsverhalten bei Vögeln zusammenfassend etwa wie folgt diskutiert: Obgleich bei etwa 90% aller Vogelarten die Paare zur Reproduktionszeit monogam sind, fand man durch die seit einigen Jahren zur Verfügung stehende Methodik der DNA-Analyse heraus, dass nicht wenige Nachkommen bei Vögeln das Resultat von „Seitensprüngen" der Weibchen darstellen. Diese Nachkommen stammen also nicht von dem Männchen, das erhebliche Ressourcen in deren Aufzucht investiert. Für die Weibchen ergibt sich hieraus – so die allgemeine Interpretation dieses Sachverhalts – ein Fortpflanzungsvorteil, denn sie können sich für diese Seitensprünge sehr „fitte" Männchen (d.h. männliche Tiere mit entsprechende Genen), die jedoch vielleicht nicht „treusorgend" sind, heraussuchen und haben zugleich die Brutpflege durch ein „treusorgendes" Männchen gesichert. Das Vorkommen von Seitensprüngen (in der Literatur kühl als Extra-pair-copulations, EPC, abgekürzt) hat dazu geführt, dass der Aspekt der Wahl des Weibchens in den Vordergrund der Forschung gerückt ist, nachdem es noch vor wenigen Jahren vor allem – anthropomorph gesprochen – recht chauvinistische Gedanken vom fortpflanzungsbestimmenden Männchen waren, die die Ideenwelt der Evolutionsbiologen beherrschte.

Wie auch der sehr lesenswerten Monographie von Blaffer Hrdy (1999) zu den evolutionsbiologischen Grundlagen von Mutterschaft zu entnehmen ist, muss eine soziobiologische Interpretation menschlichen Reproduktionsverhaltens keineswegs mit einer Mann-zentrierten Sicht einhergehen. Im Gegenteil: Je genauer man hinschaut, umso deutlicher sieht man den sehr variablen Beitrag beider Geschlechter zu allen Aspekten der Paarung. Die Auffassung vom passiven Weibchen und vom aktiven Männchen lässt sich wissenschaftlich in jedem Fall nicht halten. So suchen die Weibchen bei vielen Vogelarten in den frühen Morgenstunden, der Zeit der höchsten Befruchtungswahrscheinlichkeit, aktiv die Territorien anderer Männchen auf, um die Männchen dort, wie es Amrhein formuliert, aktiv um EPCs zu ersuchen. Er stellt fest, „dass Weibchen eine recht sichere Kontrolle über die Vaterschaft ihrer Kinder haben. [...] Diese Kontrolle wird ausgeübt mit Hilfe von gezieltem Paarungsverhalten wie der speziellen Auswahl von Männchen, der Häufigkeitszuteilung von Kopulationen an verschiedene Männchen oder der Kopulation mit dem gewünschten außerehelichen Kindsvater zur fruchtbarsten Zeit des Weibchens" (Amrhein 1999, S. 435). An späterer Stelle zieht der Autor das folgende Fazit: „Die Erkenntnis, dass das weibliche Sexualverhalten kein Anhängsel dessen der Männchen ist, sondern von Anfang an [...] zu [...] möglicherweise der aktiven Rolle bei der Paarung evolviert ist, beginnt sich seit gerade 15-20 Jahren durchzusetzen. Darwin hatte eine entsprechende Rolle für die Männchen bereits 1871 vorgesehen."

Kurz vor der Drucklegung dieses Büchleins erschien eine weitere Arbeit zur sexuellen Selektion, die ein besonders unerwartetes Ergebnis hatte. Obgleich sie allein aus diesem Grund Erwähnung verdient, möchte ich sie vor allem zur Unterstützung der unten angeführten ganz allgemeinen Schlussfolgerung kurz darstellen.

Greene und Mitarbeiter (2000) untersuchten das Territorial- und Paarungsverhalten einer Vogelart (Passerina amoena), deren Männchen sich, im Gegensatz zu den unscheinbar braunen Weibchen, durch eine mehr oder weniger ausgeprägte Blaufärbung ihres Gefieders auszeichnen. Manche Männchen sind ebenso langweilig braun wie die Weibchen, manche sind etwas blau und wieder andere weisen ein intensiv blau gefärbtes Federkleid auf. Die Vögel sind im oben eingeschränkten Sinn monogam und bauen ihre Nester in buschbewachsenen Regionen des westlichen Nordamerika. Bei erwachsenen Männchen zeigte sich der im Sinne der sexuellen Selektion erwartete Zusammenhang zwischen auffälliger Färbung einerseits und Güte der Umgebung des Nests (gemessen als prozentuale Buschbedeckung des Bodens im jeweiligen Territorium) und damit Reproduktionsfähigkeit des Männchens andererseits. Wer viele Büsche um sein Nest hat, kann für seine Nachkommen besser sorgen als derjenige, dessen Nest sich in einer weitgehend pflanzenlosen kahlen Umgebung befindet.

Die Untersuchung der jungen einjährigen Männchen hingegen zeigte das unerwartete Bild einer bimodalen Verteilung guter Nistplätze (und entsprechend der Anzahl der Nachkommen) in Abhängigkeit von der Buntheit des Gefieders: Ganz langweilig braune und sehr blaue einjährige Männchen hatten ihre Nester in einer besseren Umgebung und entsprechend mehr Nachkommen als männliche Tiere, die ein mittelgradig blau gefärbtes Federkleid trugen. Wie war dies zu erklären? Bei genauem Hinsehen (einschließlich DNA-Analyse der Nachkommen) zeigte sich folgendes: Braun gefärbte einjährige Männchen wurden von älteren intensiv blau gefärbten Männchen toleriert in dem Sinne, dass die blauen älteren dominanten Männchen weniger aggressiv ihnen gegenüber waren und sie gleichsam in der Nachbarschaft duldeten. Die braunen einjährigen Männchen stellten für die ausgewachsenen blauen Männchen offenbar keine Bedrohung dar. Im Gegenteil: Wie die DNA-Analysen der Nachkommen zeigten, fanden sich in den Nestern der braunen Einjährigen gehäuft die Nachkommen des älteren blauen Männchens aus der Nachbarschaft. Indem dies den ansonsten im Hinblick auf eigene Nachkommen chancenlosen braun gefärbten Einjährigen einen Platz in seiner qualitativ (im Hinblick auf das Gebüsch) hochwertigen Nachbarschaft gewährt, erhöht es die Anzahl seiner eigenen Nachkommen (und damit seine reproduktive Fitness). Und obgleich sich im Nest des langweilig braun gefärbten Nachbarn ein paar Kuckuckseier befinden mögen, weist dieser immer noch eine höhere reproduktive Fitness auf als der kinderlose mittelblau gefiederte Kollege in der buschlosen Nestumgebung. Das Beispiel zeigt, dass sexuelle Selektion nicht notwendigerweise Organismen mit dem größten, besten oder buntesten Charakteristikum begünstigt. Und was dem Gefieder recht ist, das könnte auch dem Geweih billig sein. – Oder gar dem Gehirn? Haben wir also endlich den tieferen Grund der Unausrottbarkeit von Dummheit im Visier? – „Denkende lernen aus dem Fehlenden nachhaltiger" soll der Philosoph Martin Heidegger gesagt haben, als er darauf angesprochen wurde, warum sein wichtigstes Buch, Sein und Zeit, gleichsam in der Mitte aufhört, also nicht fertig geschrieben ist. Im Vertrauen auf die Wahrheit des Philosophenwortes und die kognitiven Ressourcen des Lesers möchte ich die evolutionsbiologischen Meditationen hiermit abschließen, nicht ohne jedoch nochmals vor ihrer vorschnellen Anwendung auf den Menschen zu warnen.

Die angeführten Fakten und Untersuchungsergebnisse machen deutlich, was evolutionsbiologische Überlegungen zum Paarungsverhalten aussagen können und was sie nicht aussagen können. Man sollte sich hüten vor moralisierenden oder die Moral in Frage stellenden „Schnellschüssen", wie sie immer wieder in der Literatur zu finden sind. Dies aus zwei Gründen: Zum einen repräsentieren alle Schlüsse aus dem Bereich des Seins in den des Sollens einen naturalistischen Fehlschluss: Dass Vögel monogam sind oder auch gerade nicht, sagt uns ebensowenig etwas darüber, wie das Paarungsverhalten von Menschen aussehen soll, wie uns die Tatsache der häufigen Fälle von Tötung der Nachkommen bei den verschiedensten Arten etwas über den Umgang mit Kindern verrät. Zum zweiten ist die Datenlage alles andere als geklärt. Wir stehen erst am Anfang der Inventarisierung von Sozialverhalten, und es gibt leider noch viel zu wenig Studien hierzu. Kurz und pointiert lässt sich zur Ethologie im Hinblick auf den Menschen damit folgendes sagen: *Wir wissen sehr wenig, und selbst wenn wir sehr viel wüssten, folgte daraus nichts im Hinblick darauf, was wir tun sollen.* Die Fakten sind wenig bekannt und aus ihnen allein lassen sich keine ethischen Konsequenzen ableiten. *Dies* und nichts anderes war und ist – gerade auch nach diesem Epilog – die hier vertretene These zur Ethologie bzw. Soziobiologie des Menschen.

Literatur

1. Amrhein V. Sexuelle Selektion und die Evolution von Kopulationen außerhalb des Paarbundes: Spielregeln der Weibchen. Journal für Ornithologie 1999; 140: 431-41.
2. Blaffer Hrdy S. Mother Nature. A History of Mothers, Infants, and Natural Selection. New York: Pantheon Books 1999.
3. Green E, Lyon BE, Muether VR, Ratcliffe L, Oliver SJ, Boag PT. Disruptive sexual selection for plumage coloration in a passerine bird. Nature 2000; 407: 1000-3.

Serotonin und die Börse

Wie jeder weiß, sind die Schwankungen der Börse nur zum Teil ökonomisch und rational erklärbar. Auch die Psychologie der an diesem sehr großen Gewinnspiel beteiligten Menschen spielt eine wichtige Rolle bei der Einschätzung und Bewertung vor allem zukünftiger Ereignisse. Jeder Psychiater weiß, dass der Depressive dazu neigt, die Zukunft schwarz zu sehen, der engagierte und mitreißende Maniker hingegen erlebt die kommende Zeit als Chance und Herausforderung. Zur Rolle der Affektivität bei kognitiven Prozessen liegen mittlerweile auch experimentelle Untersuchungen vor, die belegen, dass stimmungskongruente Informationen einen Verarbeitungsvorteil erfahren. Kleine Schwankungen in der Affektlage vieler am Spiel beteiligter Menschen mögen sich zu größeren Effekten addieren. Hierfür ein Beispiel: Wie Abbildung 1 zeigt, erfolgten die bisherigen größeren Zusammenbrüche an der Börse jeweils im Herbst, d.h. der Jahreszeit, in der auch die saisonal bedingte Depression den Höhepunkt ihres Auftretens hat. Der entsprechende etwas schwärzer gefärbte Blick in die Zukunft vieler an der Börse beteiligter Menschen mag sich addieren und zum Losbrechen der Lawine führen, die dann, einmal ausgelöst, von selbst weiterläuft.

Vor diesem Hintergrund ist eine kürzlich im World Wide Web publizierte Arbeit des Psychiaters Randolph Nesse von Interesse, die sich mit dem derzeitigen anhaltenden Boom an der Börse beschäftigt (Nesse 2000).

Die These des Autors stellt gleichsam eine Umkehrung des gerade diskutierten Arguments zum Zusammenhang von Autumn Blues und Börsencrash dar: Der anhaltende Boom ist Resultat der pharmakologisch bedingten erhöhten Serotoninkonzentration in den Gehirnen der Investoren, ermöglicht durch die weite Verbreitung moderner Antidepressiva, insbesondere der Serotoninwiederaufnahmehemmer.

Im einzelnen führt Nesse die folgenden Fakten für die USA an: Im vergangenen Jahr wurden 233 Millionen Rezepte für Psychopharmaka ausgestellt, davon zehn Millionen für das Antidepressivum Fluoxetin. Mit Antidepressiva insgesamt wurden im vergangenen Jahr 6,3 Milliarden US-Dollar umgesetzt, hinzu kommen die vielen rezeptfreien pflanzlichen Präparate wie Johanniskraut etc. Nesse schätzt, dass 20 Millionen Amerikaner, also etwa jeder zwölfte, ein Antidepressivum einnehmen. Geht man zusätzlich davon aus, dass moderne Antidepressiva vor allem von Mitgliedern der Mittel- und Oberschicht eingenommen werden, so ergibt sich, dass ein nicht unbeträchtlicher Teil der Finanzjongleure unter dem Einfluss einer artifiziell erhöhten Gehirnserotoninkonzentration seine Arbeit verrichtet. Was ist die Folge?

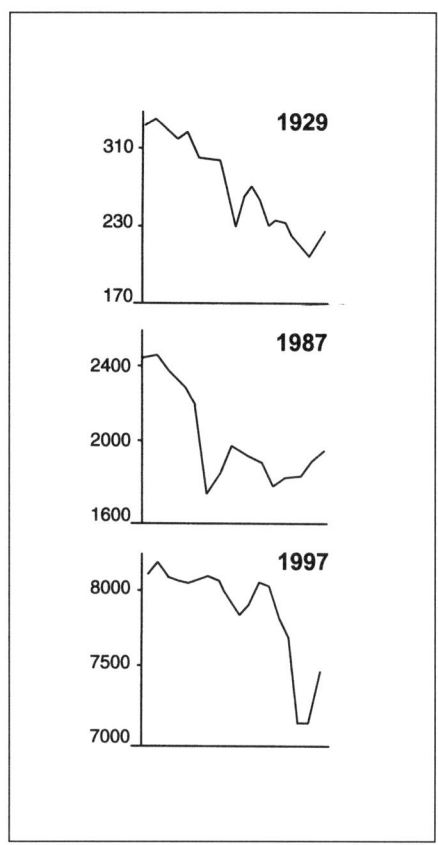

Abb. 1 Entwicklung des Dow-Jones-Börsenindex, jeweils im Oktober der drei Jahre, die aufgrund der rasanten Abwärtsentwicklung in die Wirtschaftsgeschichte eingingen (nach Schumacher 1997).

Wir wissen es nicht, aber man kann Vermutungen anstellen. Bekanntermaßen führen Serotoninwiederaufnahmehemmer bei schüchternen Menschen zu einer Reduktion der Schüchternheit, bei ängstlichen Menschen zu einer Verminderung der Angst und bei gehemmten Menschen zu einem Abbau von Scheu. Wenn nun ein millionenfach verwendetes Medikament in dieser Weise sehr viele Menschen beeinflusst, von denen wiederum viele an der Börse beteiligt sind, ist ein Zusammenhang von Gehirnserotoninkonzentrationen bei Investoren einerseits und Dax bzw. Dow andererseits keineswegs auszuschließen.

Nun ist die Börse zwar kein Nullsummenspiel, die Aktienkurse spiegeln jedoch keineswegs die tatsächliche Wertschöpfung, sondern repräsentieren – in zunehmendem Maße – wie oben bereits angedeutet vor allem psychologische Momente wie Erwartung, Zukunftsglaube und ganz allgemein Emotionalität. Wird diese medikamentös beeinflusst, muss die Frage nach den langfristigen

Auswirkungen gestellt werden. Vorstellbar wäre beispielsweise, dass eine höhere Gesamtkonzentration an Serotonin bei Millionen von Börsianern zunächst zu einem langen und scheinbar ungebrochenen Boom führt, der jedoch aufgrund der Gesetze der Ökonomie nicht ewig andauern kann. Die Seifenblase platzt dann zunächst nicht, sie wird jedoch größer denn je und birst später mit umso größerer Vehemenz. Vielleicht sind die bisherigen Einbrüche jedoch auch nur Ausdruck irrationaler Herbstdepressivität, sodass Millionen behandelter Depressiver künftig für nichts weniger sorgen als ein ungebremstes Wachstum. Die Wahrheit liegt möglicherweise irgendwo in der Mitte, man muss sich jedoch vor Augen führen, dass sie niemand kennt und dass es trotz der ungeheuren Tragweite niemanden gibt, der diese Sachverhalte wissenschaftlich untersucht. Die Möglichkeiten hierzu sind heute besser gegeben als je zuvor.

Dass medizinischer Fortschritt in Pillenform die Gesellschaft tiefgreifend verändern kann, haben die Auswirkungen der hormonellen Antikonzeption längst gezeigt: Käufliche künstliche Hormone haben weibliche Emanzipation und venerische Infektionen, kleine Familien und reformierte Renten nach sich gezogen, ohne dass die Gesellschaft bei deren Einführung all dies erwogen hätte. Gewiss, es wurden Diskussionen geführt, im Nachhinein hat die Diskussion um Moral und Glaubensfragen eher den Blick für das, was wirklich geschehen ist, verstellt als frei gemacht.

Ähnlich mag es uns mit den Auswirkungen der Psychopharmakologie gehen.

Psychiater werden sicherlich noch lange über neurotische und endogene Depressionen streiten, ungeachtet der Tatsache, dass die Bevölkerung die Botschaft der Flusskrebse (vgl. Spitzer 2000) intuitiv längst verstanden hat und sich bei Depressivität Hilfe vom Psychotherapeuten und aus der Apotheke holt. Wie sich die psychopharmakologische Behandlung einer ganzen Reihe von häufigen Störungsbildern langfristig auf die Gesellschaft auswirken wird, weiß heute niemand. Diagnostische oder nosologische Grabenkämpfe innerhalb der psychiatrischen, psychotherapeutischen bzw. psychologischen Gemeinschaft sollten den Blick nicht dafür verstellen, dass hier dringender Forschungsbedarf besteht. Wir sollten wissen oder zumindest informiert abschätzen können, welche gesellschaftlichen Auswirkungen auf uns zukommen.

Literatur

1. Nesse RM. Is the market on Prozac? www.edge.org., 2000.
2. Schumacher O. Absturz nach dem Höhenrausch. Die Zeit 45, 31.10.1997, S. 25.
3. Siegel Watkins E. On the Pill. A Social History of Oral Contraception 1950-1970. Baltimore: Johns Hopkins University Press 1998.
4. Spitzer M. Geist, Gehirn und Nervenheilkunde. Stuttgart: Schattauer Verlag 2000.

Epilog: Emotionale Ausgelassenheit und die Psychologie für Börsenprofis

Wer da glaubt, dass die Verbindung von Psychiatrie mit der Börse ungewöhnlich ist – ich selbst beispielsweise gehörte zu diesen naiven Menschen –, der sei eines Besseren belehrt: „Drei Dinge treiben die Menschen in den Wahnsinn: die Liebe, die Eifersucht und das Studium der Börsenkurse", schrieb schon vor Jahrzehnten der 1946 verstorbene britische Nationalökonom John Maynard Keynes (Anon. 2000). Und wenn es auch nicht immer gleich psychiatrisch hergehen muss (man denke nur an verlustbedingte depressive Verstimmungen, Alkoholexzesse oder gar Suizide), so doch ganz sicher psychologisch. Davon zeugt eine ganze Reihe neuerer und neuester Publikationen zum Thema Börse: Sei es nun die Taschenbuchausgabe von „Psychologie für Börsenprofis", ein Buch über „Emotional Exuberance (emotionale Ausgelassenheit)" oder über „Behavioral Finance" – so nennt die Fachwelt den jüngsten Zweig der Psychologie –, es geht immer um das Gleiche: Menschen sind keine blutleeren Computer. Sie besitzen Emotionen, die nicht nur subjektiv erlebt und kommuniziert werden, sondern die vor allem das Handeln lenken.

In der Tat scheinen für viele Börsianer die Wörter „Psychologie" und „Emotion" fast synonym zu sein, als gäbe es gar keine Wahrnehmungs-, Denk-, Gestalt- oder Verhaltenspsychologie. Wenn etwa Börsenhändler behaupten, dass 90% des Geschehens an der Börse und in der Wirtschaft auf reiner Psychologie beruhen, dann sind die Emotionen und nur diese gemeint. Man benennt und konstatiert dann gerade mit dem Wort „Psychologie" all das, was man ansonsten nicht verstehen und schon gar nicht erklären kann, stellt also der Psychologie auf der einen Seite die Rationalität auf der anderen Seite gegenüber.

Dies bestätigt zum einen die These des Essays: Wenn Emotionen wirklich so wichtig sind, dann sollten wir sie besser erforschen. Zum zweiten macht es den Psychiater und Psychologen traurig, wird doch hier einmal mehr klar, für wie wenig rationalitätsfähig der Mann (sprich: der Börsianer) von der Straße die Psychologie (von der Psychiatrie einmal gar nicht zu reden) hält. Die vergangenen Jahre haben doch gerade immer wieder sehr eindrucksvoll gezeigt, dass die Gegenüberstellung von Emotionalität und Rationalität den Menschen gerade *nicht* gut beschreibt. Im Gegenteil: Immer wieder stellte sich heraus, wie rational gerade emotional bedingte Verhaltensweisen sind, wenn man einmal einen etwas weiteren Kontext berücksichtigt.

Solange aber die Emotionen (und damit „die Psychologie") von den Entscheidungsträgern in dieser Weise verzerrt gesehen werden, ist unwahrscheinlich, dass man größere Anstrengungen zu deren Erforschung macht. Dies ist doppelt schade: Zum einen stehen seit einigen Jahren erstmals die Methoden zur Erforschung auch komplexer geistiger Leistungen zur Verfügung, und zum anderen sind emotionale Prozesse noch viel zu wenig beforscht. In Anbetracht ihrer globalen ökonomischen Relevanz möglicherweise ein großer Fehler!

Literatur

1. Anonymus. 90 Prozent des Börsengeschehens beruhen auf reiner Psychologie. Die Welt, 4.10.2000: S. U2.

Descartes, Glutamat und
der fünfte Geschmack

Man stelle sich einmal folgendes Szenario vor: Physiologen behaupten, es gäbe die vier Farben Violett, Blau, Grün und Gelb. Diese sehen wir und sonst nichts. Im Auge wurden zapfenförmige Lichtrezeptoren für diese Arten von Licht gefunden und damit sind die Grundfarben des Farbensehens klargelegt. Wir, die Seh-Laien, glauben der Wissenschaft und sehen genau diese Farben. Manchmal allerdings sehen die Dinge irgendwie farbiger aus, so richtig voll und schön – man denke nur an Sonnenuntergänge und manche Blumen – und manchmal wieder nicht. Man versteht dies nicht richtig, leitet hieraus jedoch nicht die Existenz einer weiteren Farbe ab, sondern spricht davon, dass es manchmal einen eigenartigen Farbverstärker gibt, der manchmal im Licht vorhanden ist und manchmal nicht. Die bekannten Grundfarben und die Annahme des Farbverstärkers machen dann alle erlebten Phänomene plausibel und die Welt ist in Ordnung. Manche Japaner vertraten zwar schon vor etwa hundert Jahren die Meinung, dass es eine weitere Farbe – Seki (was übersetzt soviel wie rot heißt) – gibt, wurden jedoch aufgrund der erdrückenden Sachlage (man kennt nur vier Typen von Lichtzapfen) und unserer täglichen Erfahrung – wir sehen vier Grundfarben und manchmal noch einen eigenartigen Farbverstärker – nicht ernst genommen. Erst die Entdeckung von biochemisch definierten Rezeptoren für rotes Licht führte dazu, dass es der Idee des Lichtverstärkers ebenso ging wie dem Phlogiston und dem Äther: Sie wurde als wissenschaftlicher Holzweg entlarvt.

Undenkbar? Man möchte es meinen. Es kann doch nicht angehen, dass wir unsere unmittelbare Erfahrung der Farben, die Rot selbstverständlich einschließt, auf solch schräge Weise mit ganz offensichtlich inadäquaten Konzepten überformen. Ebenso wenig kann es sein, dass unser unmittelbares Empfinden von Qualitäten von einer empirischen Entdeckung abhängt, wie das dargestellte Szenario nahe legt. Seit Descartes ist geklärt, dass ich mich zwar täuschen kann, dass dort etwas Rotes ist, nicht aber darin, dass ich die Empfindung Rot jetzt und hier habe. Zu Empfindungsqualitäten habe ich einen direkten, durch empirische Wissenschaft nicht zugestellten bzw. zustellbaren Zugang zur Erkenntnis der Welt, wie sie mir eben nun einmal erscheint.

Es ist daher erstaunlich, dass sich das oben beschriebene Szenario tatsächlich vor einigen Monaten abgespielt hat. Es betraf nicht das Sehen, sondern das Schmecken, war ansonsten jedoch bis ins Kleinste analog zu der scheinbar völlig absurd dargestellten Situation. Hier kurz die Fakten:

Generationen von Physiologen haben Generationen von Ärzten beigebracht, dass sich auf unserer Zunge Rezeptoren für vier grundlegende Geschmacksvarianten befinden: Süß, Sauer, Salzig und Bitter. Jeder andere Geschmack, so haben wir gelernt, ist eine Kombination aus diesen vieren und vor allem das Ergebnis der ganzheitlichen Verarbeitung der mindestens eintausend unterschiedlichen, vom Menschen wahrnehmbaren Gerüche mit dem Output des Geschmackssinns. „Wenn Sie Schnupfen haben und die Nase verstopft ist, schmeckt Ihr Schnitzel nur noch nach Salz" klingen mir noch heute die Worte eines recht berühmten Freiburger Physiologen im Ohr.

Es ist erstaunlich, dass diese Sicht der Dinge schon seit Beginn dieses Jahrhunderts als falsch erwiesen ist, nachdem bereits zu Anfang des letzten Jahrhunderts der Japaner Kikunae Ikeda eine fünfte Geschmacksrichtung entdeckt hatte (Lindemann 2000). Er nannte sie Umami, was übersetzt etwa „wohlschmeckend" heißt und am ehesten den Geschmack von Fleisch, manchen Käsesorten oder Pilzen meint. Viele proteinreiche Nahrungsmittel weisen diesen Geschmack auf, der auf deren Gehalt der Aminosäure L-Glutamat zurückgeht.

Dieser Geschmack blieb hierzulande – wahrscheinlich nicht zuletzt aufgrund seines Namens – unbekannt, obgleich wir ihn täglich schmecken. Dies führte u.a. dazu, dass viele Nahrungsmittel so genannte „Geschmacksverstärker" enthalten, bei denen es sich im Wesentlichen um L-Glutamat handelt. Man traute sich gewissermaßen nicht, hier von einem Geschmack zu sprechen, denn es durfte nicht geben, wovon man nichts wusste und was in den Lehrbüchern der Physiologie nicht vorkam: eben einen fünften Geschmack.

Die Tragweite dieses Sachverhalts für philosophische Diskussionen ist beträchtlich: Der Rekurs auf unmittelbar Erlebtes, auf empfundene Qualitäten (Qualia, wie der philosophische Terminus technicus lautet), zur Rechtfertigung bestimmter Erkenntnisansprüche oder zur Stärkung einer irreduziblen Behauptung wird durch die Tatsache, dass sich das oben beschriebene Szenario wirklich abgespielt hat, deutlich geschwächt. Gestärkt wird demgegenüber die alte und oft nicht mehr ernstgenommene Überlegung der Linguisten Sapir und Whorff, derzufolge unsere Sprache einen starken Einfluss auf unser Wahrnehmen hat. Jeder hat es gehört und man braucht es hier nicht näher zu erläutern: Eskimos haben mehr Wörter für weiß, Urwaldbewohner für grün etc. Mittlerweile werden solche Behauptungen eher belächelt, z.B. mit dem Hinweis, dass auch die Bergler in den Alpen rund zwanzig Ausdrücke für das kühle Nass kennen würden (Drösser 1999). In der Tat wurde die Sapir-Whorffsche Hypothese gerade im Hinblick auf Farben erst kürzlich empirisch gestärkt: In der Sprache Setswana sowie in der Sprache des Stammes der Berinmo auf Papua-Neuguinea gibt es jeweils nur ein Wort für Blau und Grün. Entsprechend ist die Diskriminationsfähigkeit der Menschen, die diese Sprachen sprechen, für Farben ohne eigenen Namen vergleichsweise gering (Davidoff et al. 1999, Davies et al. 1997). Mit anderen Worten: Gleich mehrere Untersuchungen zeigen völlig unabhängig voneinander die Bedeutung der Sprache für unsere Wahrnehmung.

Doch zurück zum kürzlich entdeckten Glutamatrezeptor auf der Zunge: Wirklich neu an seiner Entdeckung ist, dass es sich um den ersten molekularbiologisch charakterisierten Geschmacksrezeptor überhaupt handelt (Chaudhari et al. 2000), sieht man einmal von der Entdeckung des Rezeptors für „Scharf" (die ketzerische Frage sei erlaubt: ein sechster Geschmack?) ab (vgl. Caterina et al. 1997). Interessant ist im Hinblick auf die molekulare Struktur des Rezeptors vor allem die Tatsache, dass der Rezeptor durchaus Ähnlichkeit mit dem Rezeptor besitzt, der in unserem Gehirn für die rasche Neurotransmission durch L-Glutamat sorgt. Diese Aminosäure ist nicht nur Bestandteil der Nahrung, sondern eben auch wahrscheinlich der wichtigste erregende Neurotransmitter des Zentralnervensystems, der in den ihn verwendenden kortikalen Pyramidenzellen für die rasche punktgenaue und plastische Transmission von Informationen sorgt. Der Glutamatrezeptor im Gehirn (er hat die Bezeichnung mGluR4) besitzt allerdings eine etwa 1000fach höhere Affinität zu Glutamat als der Glutamatrezeptor in den Geschmackspapillen der Zunge (den man taste-mGluR4 genannt hat). Bei der Aminosäuresequenz des Geschmacks-Glutamatrezeptors handelt es sich um eine verkürzte Variante des Gehirnrezeptors, was insofern sinnvoll ist, als die Glutamatkonzentrationen in der Nahrung diejenigen im Bereich der Synapsen weit übersteigen können. Wären beide Rezeptoren identisch, würde unser Gehirn entweder ineffizient arbeiten oder wir würden einen überwältigend starken Glutamat-Geschmack empfinden, wann immer wir auch nur Spuren von Fleisch genießen (vgl. Chaudhari 2000).

Die Identität eines Geschmacksstoffs mit einem erregenden Neurotransmitter und die Homologien zwischen den entsprechenden Rezeptoren reihen sich schließlich mühelos in die bekanntermaßen bestehenden engen Beziehungen zwischen Darm und Gehirn ein: Man denke nur an die Entdeckung der Funktion von Cholezystokinin als Neurotransmitter, an die geistigen und Verdauungsfunktionen des vegetativen Nervensystems oder daran, dass beide Organe ektodermaler Herkunft sind. Man kann sich dem Fazit kaum entziehen, dass eine wissenschaftliche Entdeckung, die der Laienpresse allenfalls eine kleine Notiz wert war (vgl. Focus 5/2000; S. 172), sehr viele Facetten aufweist: Gleich ob man Neurobiologe oder Linguist, Psychologe oder Ernährungswissenschaftler, Philosoph oder Physiologe ist – die Entdeckung des Rezeptors für Umami hat etwas für jeden Geschmack.

Literatur

1. Caterina MJ, Schumacher MA, Tominaga M, Rosen TA, Levine JD, Julius D. The capsaicin receptor: a heat-activated ion channel in the pain pathway. Nature 1997; 389: 783-4.
2. Chaudhari N, Landin AM, Roper SD. A metabotropic glutamate receptor variant functions as a taste receptor. Nature Neuroscience 2000; 2: 113-9.

3. Davidoff J, Davies I, Roberson D (1999) Color categories in a stone age tribe. Nature 398: 203-24.
4. Davies IR; Corbett GG. A cross-cultural study of colour grouping: evidence for weak linguistic relativity. British Journal of Psychology 1997; 88: 493-517.
5. Drösser C. Eskimos haben mehr als 20 Ausdrücke für Schnee. Die Zeit 1999 (www. ZEIT.de/tag/stimmts)
6. Larkin M. Truncated glutamate receptor holds key to the fifth primary taste. Lancet 355 vom 29.1.2000: 383.
7. Lindemann B. A taste for Umami. Nature Neuroscience 2000; 2: 99-100.

Star Wars, Heuschrecken,
neuronale Netzwerke und Verkehrssicherheit

Wozu sind Gehirne gut? – Die einfachste Antwort auf diese nur scheinbar allzu grundlegende und daher nur scheinbar nicht mehr sinnvolle Frage lautet: zur Mustererkennung. Jedes Gehirn bewerkstelligt die Zuordnung eines Output, d.h. einer bestimmten Folge von Aktionspotentialen über eine größere Anzahl von Nervenfasern, zu einem Input, der in nichts anderem als ebenfalls raumzeitlichen Mustern von Aktionspotentialen besteht. Gehirne leisten diese Musterzuordnung unglaublich effektiv und schnell. Daher wird seit geraumer Zeit ihr Funktionsprinzip, das der Parallelverarbeitung, in künstlichen neuronalen Netzwerken nachgeahmt, wann immer Muster erkannt werden müssen. Ganz gleich, ob es um das Wetter, medizinische Befundung oder um Verkehrssicherheit geht, letztlich liegt immer das Problem der Zuordnung von Daten zu einer Interpretation vor, d.h. das Problem, in den Daten Strukturen zu entdecken, die anzeigen, was in den Daten wirklich steckt. Die Erkennung von Mustern, d.h. die Zuordnung von Bedeutung zu (zunächst uninterpretierten) Daten, gehört zu den Grundproblemen der Informatik. Die Anwendungen reichen in nahezu alle Gebiete menschlicher Aktivitäten, was nicht verwundern sollte, handelt es sich bei sehr vielen von Menschen vollbrachten geistigen Leistungen doch letztlich um Mustererkennung.

Auch sehr einfache Organismen leisten Mustererkennung und erreichen nicht selten mit sehr einfachen Mitteln sehr beachtenswerte Ergebnisse. Hierzu sei im Folgenden ein Beispiel aus der Verkehrssicherheit angeführt, das aufzeigt, wie unerwartet nahe sich Neurobiologie und angewandte Technik zuweilen kommen können.

In der Automobilindustrie wird seit längerer Zeit an Antikollisionssystemen gebastelt, die das Risiko von Zusammenstößen vermindern sollen. Hierbei stützt man sich auf eine Erfindung aus dem Zweiten Weltkrieg, die für dessen Ausgang nicht unwesentlich war: das Radar. Was vor 50 Jahren großer Anlagen und ganzer Teams bedurfte, ist mittlerweile miniaturisiert und automatisiert, so dass manche gegenwärtig bereits produzierten Autos Radargeräte zur Abstandswarnung enthalten. Billiger als Radargeräte sind kleine Videokameras, deren Bilder von einem Computer verarbeitet werden. Dies setzt jedoch bislang sehr leistungsfähige Computer voraus, die die von der Kamera gelieferten Daten interpretieren und aus Bildpunkten Objekte (Straßen, andere Autos, Schilder, Ampeln, Fußgänger etc.) herausdestillieren. Computergestützte *Machine-Vision*-Systeme sind gegenwärtig tatsächlich bereits in der Lage, Autos völlig ohne Eingreifen des Fahrers zu steuern oder aber auch dem Fahrer Hilfestellung beim Fahren zu geben. Auch können sie den Fahrer warnen, wenn er sich auf Kollisionskurs mit einem anderen Fahrzeug befindet. Möglicherweise lässt sich ein Antikollisionssystem jedoch auch ohne Radar und komplexe Rechner implementieren. Hierzu orientierte man sich an einem einfachen Nervensystem, das ganz offensichtlich im Laufe der Evolution u.a. zur Vermeidung von Zusammenstößen optimiert wurde. Wenn im Folgenden dieses Beispiel etwas näher dargestellt wird (vgl. Graham-Row 2000, Rind u. Simmons 1999), dann vor allem, um zu zeigen, welch unerwartete Wechselwirkungen zwischen sehr unterschiedlichen Forschungsfeldern zuweilen zu verblüffenden Methoden und Ergebnissen führen können.

Das visuelle System von Heuschrecken weist eine wesentlich geringere Leistungsfähigkeit als das menschliche auf. Auch die Informationsverarbeitungskapazität des Zentralnervensystems von Heuschrecken ist vergleichsweise beschränkt. Dennoch sind diese Tiere in der Lage, im Flug Objekten auszuweichen. Wenn man wüsste, wie sie dies tun, könnte man den Mechanismus, im Sinne des Reverse engineering, vielleicht nachahmen.

Zur Erkennung von Bewegungen besitzen Heuschrecken ein hinter jedem ihrer beiden Facettenaugen sitzendes Neuron, das so genannte „Lobula giant movement detector" (LGMD)-Neuron. Die Aktivität dieses Neurons führt zu Ausweichbewegungen während des Fluges, da zwischen Objekten auf Kollisionskurs und anderen Objekten unterschieden wird. Um seine Funktion besser zu verstehen, leiteten Forscher an der Universität von Newcastle die elektrische Aktivität von diesem Neuron ab, während die Tiere rasch bewegte Objekte betrachteten, die sich teilweise auf Kollisionskurs befanden. Hierfür wurden Luftkampfszenen aus dem Film „Krieg der Sterne" (Star Wars) verwendet, da sie besonders gute Aufnahmen von bewegten Objekten (den Jägern) enthalten, die sich manchmal direkt auf den Betrachter zubewegen.

Unter Verwendung der hierdurch gewonnenen Daten wurde ein neuronales Netzwerk konstruiert, das die Signale einer sehr einfachen Videokamera mit geringer Auflösung weiterverarbeitet und Bewegungssignale in der gleichen Weise extrahiert wie das LGMD-Neuron. Es konnte gezeigt werden, dass ein mit diesem Netzwerk ausgestatteter Roboter in der Lage war, kollidierenden Objekten in 91% der Fälle auszuweichen. Das Besondere an diesem System war dessen Einfachheit, denn man verwendete ein schlechtes Videobild und wenig Computing power, erreichte damit aber eindrucksvolle Leistungen, die man hofft, in künftige Autos zur Kollisionsvermeidung zu integrieren. Kurz: Die Information aus Neuronen in Heuschrecken, die Star-Wars-Filme betrachten, diente zur Entwicklung von Systemen zur Unfallvermeidung.

Literatur

1. Graham-Rowe D. Darth evaders. New Scientist 2000; Nr. 2232 (1.4.2000), S. 7.
2. Rind FC, Simmons PJ. Seeing what is coming: building collision-sensitive neurons. Trends Neurosci 1999; 22: 215-20.

Frauen reden, Männer wissen, wo es lang geht

Wann immer in einer wissenschaftlichen Untersuchung festgestellt wird, dass es zwischen Frauen und Männern kleine Unterschiede gibt, kann sich der Untersucher eines ungewöhnlichen Ausmaßes an Popularität sicher sein. So erging es auch der Ulmer interdisziplinären Neuroimaging-Arbeitsgruppe (mit Vertretern aus Neurologie, Radiologie und Psychiatrie) nach der Publikation einer Arbeit zur funktionellen Aktivierung des Gehirns bei einer Navigationsaufgabe (Grön et al. 2000). Es zeigten sich nämlich klare Unterschiede zwischen Männern und Frauen sowohl in der Leistung als auch in der Gehirnaktivierung. Den Kommentatoren verschiedenster Fachzeitschriften – vom Lancet bis zum New Scientist – kam zunächst wohl anekdotische Evidenz aus ihrer Ehe in den Sinn, wie die folgenden Zitate belegen:

„Fasst euch ein Herz, ihr lange Zeit leidenden Paare. Für die endlosen Argumente auf den Vordersitzen von Autos gibt es gute Gründe: Männer und Frauen gebrauchen unterschiedliche Teile ihres Gehirns, um sich zu orientieren, was nahe legt, dass die von ihnen dabei verwendeten Strategien ebenfalls völlig verschieden sind", schreibt Motluk (2000) im New Scientist. „Meine Frau beschwert sich immer wieder darüber, dass ich mich nicht nach dem Weg erkundige", fügt Sharp (2000) im Lancet hinzu.

Bei der erwähnten Untersuchung mussten jeweils zwölf Männer und zwölf Frauen sich im Magnetresonanztomographen in einem virtuellen Irrgarten zurechtfinden und von einem Ort im Irrgarten ausgehend den Ausgang finden, ähnlich wie man sich auch im täglichen Leben oft räumlich orientieren und zurechtfinden muss, z.B. wenn man „von der Abteilung für Psychiatrie im Ulmer Leimgrubenweg in die Abteilungen für Radiologie und Neurologie in der Steinhövelstraße geht", wie Sharp sehr schön formuliert.

Wie sich zeigte, fanden die Männer im Mittel nach 142 Sekunden den Ausgang, wohingegen die Frauen mit 196 Sekunden signifikant länger brauchten, was den bereits bekannten Befund bestätigt, dass Männer Frauen im Hinblick auf visuospatiale Aufgaben überlegen sind.

Anzumerken sei hier, dass die Überlegenheit der Frauen gegenüber Männern im Hinblick auf soziale Wahrnehmung und sprachliche Leistungen ebenso bekannt ist.

In der funktionellen Magnetresonanztomographie fand man in der Gesamtgruppe eine Aktivierung des rechten Hippocampus, des linken parahippocampalen Gyrus sowie des superioren Parietallappens beidseits. Richtig spannend wurde es allerdings, als man die funktionellen Bilder aus dem Magnetresonanztomographen gruppenstatistisch aufarbeitete: Die Lösung der gleichen

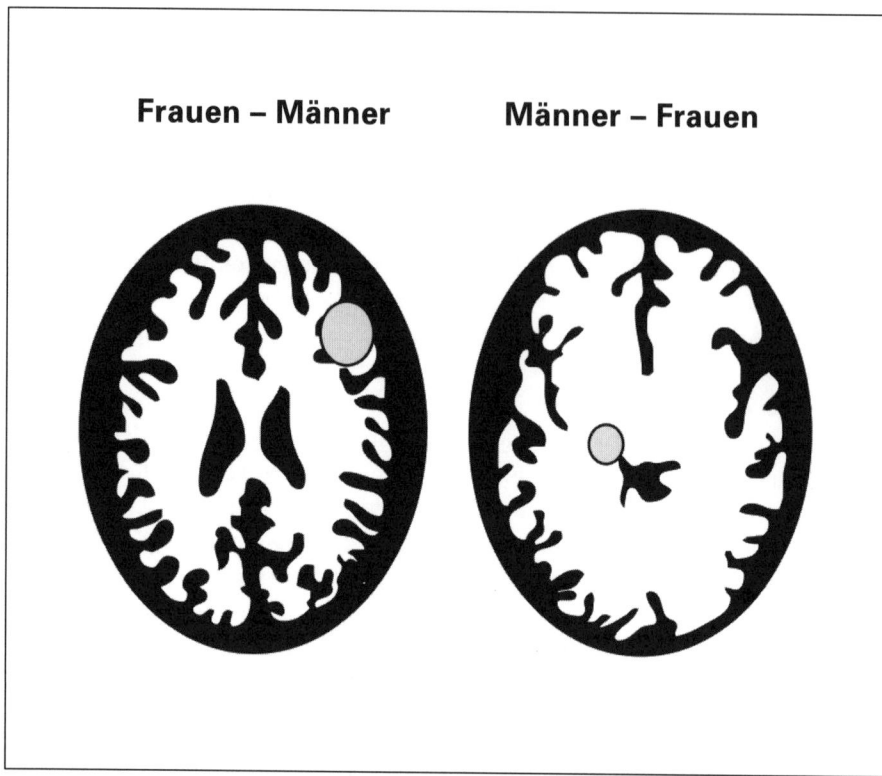

Abb. 1 Ergebnisse des Gruppenvergleichs (Männer versus Frauen), wobei die Gehirnaktivierung (in Grau) Transversalschnitten überlagert wurde. Bei Frauen (links) kommt es im Vergleich zu Männern zur Aktivierung des rechten mittleren frontalen Gyrus und des rechten inferioren Parietallappens (nicht abgebildet), wohingegen Männer (rechts) im Vergleich zu Frauen den linken Hippocampus stärker aktivieren.

Aufgabe führte bei Männern und Frauen zum Teil zur Aktivierung völlig unterschiedlicher Bereiche des Gehirns: Während es bei Männern zur Aktivierung des linken Hippocampus kommt, wird bei Frauen das rechte Frontalhirn aktiviert (Abb. 1).

Diese unterschiedlichen Aktivierungsmuster von Männern und Frauen könnten durchaus unterschiedliche Strategien bei der Lösung der Aufgabe widerspiegeln:

Aus Verhaltensexperimenten ist bekannt, dass sich Frauen beim Navigieren vor allem auf Landmarken („beim Blumengeschäft links, nach dem Buchladen rechts") verlassen, wohingegen Männer eine geometrische Repräsentation des Raumes generieren. Für das On-Line-Halten von Landmarken benötigen

Frauen entsprechend den rechten frontalen Kortex, wohingegen die linkship-pocampale Aktivierung der Männer möglicherweise auf die Konstruktion geometrischer Repräsentanzen zurückgeht (vgl. Grön 2000).

Ergebnisse wie diese regen die Phantasie vieler Autoren an. So haben Vertreter der evolutionären Psychologie (einer Neuauflage dessen, was zunächst Ethologie und dann Soziobiologie hieß) argumentiert, dass sich das menschliche Gehirn an die Bedingungen des Daseins als Jäger und Sammler angepasst habe. In diesen Gesellschaften werden die Kinder von Gruppen von Frauen aufgezogen, die neben dem Sammeln von Früchten und Beeren sich vor allem um die Belange der Gruppe kümmern und daher sowohl in sozialer als auch in sprachlicher Hinsicht besonders befähigt sein müssen. So kann man die Entwicklung entsprechender Fertigkeiten leicht evolutionär nachvollziehen. Anders die Männer, die auf Mammutjagd gingen und hierzu nicht nur mehr körperliche Stärke, sondern auch einen guten Orientierungssinn brauchten. Viel zu reden war bestenfalls hinderlich, ungünstigstenfalls tödlich; den Weg nach Hause zu finden, war hingegen nicht nur wegen des Obstsalat-Nachtischs von größter Bedeutung. Diese Lebensumstände, so wird argumentiert, hätten bei Männern zur besseren Ausprägung derjenigen Gehirnstrukturen geführt, die das räumliche Navigieren unterstützen. Entsprechende Unterschiede der Hirnentwicklung hätten nun das Ergebnis, dass Frauen weniger lateralisiert seien, mit der linken als auch mit der rechten Hemisphäre sprachliche Leistungen vollbrächten (hierzu gab es 1995 ebenfalls einen sehr publikumswirksamen Artikel von Shaywitz und Mitarbeitern) und daher besser reden könnten. Männer hingegen können danach besser navigieren und benutzen hierfür den Hippocampus, dessen hinterer Anteil bei Taxifahrern in London kürzlich vermessen und tatsächlich vergrößert gefunden wurde (Maguire et al. 2000).

Problematisch an dieser Interpretation der Fakten ist allerdings, dass geschlechtsspezifische Unterschiede im Hinblick auf das Navigieren auch bei Ratten gefunden wurden: In Läsionsstudien zeigte sich, dass die Fähigkeit zur Navigation bei männlichen Tieren durch Läsionen im Bereich des Hippocampus, bei weiblichen Tieren durch Läsionen im Bereich des Frontalhirns eher beeinträchtigt wird. Dies spricht für eine phylogenetisch wesentlich ältere Ursache des Geschlechterunterschieds beim Navigieren, als es die Jäger- und Sammler-Interpretation nahe legt. Vielleicht hatte es also bereits gute Gründe gegeben, warum die Frauen lieber redeten und die Männer nach den Mammuts Ausschau halten ließen ...

Literatur

1. Grön G, Wunderlich AP, Spitzer M, Tomczak R, Riepe MW. Nature Neuroscience 2000; 3: 404-8.
2. Maguire EA, Gadian DG, Johnsrude IS et al. Navigation-related structural change in the hippocampi of taxi drivers. PNAS 2000; 97 (8): 4398-403.

3.   Motluk A. Why men and women argue over which route to take. New Scientist 2000; Nr. 2231 (25. March 2000), S. 13.
4.   Sharp D. Aids to navigation. The Lancet 2000; 355: 1034.
5.   Shaywitz BA, Shaywitz SE, Pugh KR, Constable RT, Skudlarki P, Fulbright RK, Bronen RA, Fletcher JM, Shankweiler DP, Katz L, Gore JC. Sex differences in the functional organization of the brain for language. Nature 1995; 373: 607-9.

Wie viele H₂O-Moleküle sind nass?
Über vermeintliche Kategorienfehler und die Reichweite empirischer Forschung

Wer einen gebildeten Menschen fragt, wie viele Wassermoleküle man braucht, damit es nass wird, bekommt wahrscheinlich etwa folgende Antwort: (a) H_2O-Moleküle sind begriffliche Konstruktionen aus dem Bereich der Chemie zur theoretischen Durchdringung von Sachverhalten und Prozessen, die mit der Umsetzung von Stoffen in Zusammenhang stehen. Man kann mit solchen Formeln beispielsweise erklären, wie viel Wasserstoff und Sauerstoff man braucht, um Wasser herzustellen oder umgekehrt, wie viel der genannten Gase man mittels Energiezuführung aus Wasser herstellen kann. (b) Nässe hingegen ist eine subjektiv erlebte phänomenale Qualität, die direkt oder indirekt aus dem Kontext des unmittelbaren Erlebens abgeleitet ist. Sie tritt auf, wenn wir Wasser auf der Haut spüren, und andere Formen von Nässe (z.B. die nassen Straßen etc.) leiten wir hiervon ab. Wir wüssten nicht, was Nässe ist, wenn wir nicht über das subjektive Erleben der Qualität der Nässe verfügten. (c) Aus den unter (a) und (b) gemachten Ausführungen ergibt sich, dass die gestellte Frage Seinsbereiche miteinander in Verbindung bringt, die man nicht verbinden kann: Bei der Anzahl der Moleküle geht es um begriffliche Konstruktionen zur Erklärung von Stoffumsetzungen, bei der Nässe geht es um eine letztlich erlebte Qualität. (d) Die Antwort auf die Frage kann damit nur heißen, dass die Frage einen Kategorienfehler beinhaltet (etwa analog der Frage, welche Zahl süßer ist, 3 oder 5) und daher keinen Sinn macht.

Diese Argumentation, so plausibel und reflektiert sie zunächst zu sein scheint, ist falsch. Die Antwort auf die in der Überschrift gestellte Frage lautet vielmehr in Wahrheit schlicht – 6, wie Gregory und Mitarbeiter (1997) durch Modellrechnungen und Experimente zeigen konnten. Das Beispiel macht deutlich, wie sehr man sich bei der Reichweite empirischer Forschung verschätzen kann und wie leicht man zur Schwarzweißmalerei neigt (ein Problem ist *entweder* begrifflich oder empirisch zu lösen), wo die Dinge vielleicht komplizierter liegen: Unser semantisches Gedächtnis enthält begriffliches und empirisches Wissen, und es ist nicht immer von vornherein klar, zu welcher Kategorie eine bestimmte Aussage gehört, weswegen man auch mit der Aufdeckung von vermeintlichen Kategorienfehlern vorsichtig sein sollte.

Gewiss, wer fragt, ob es schwarze Schimmel gibt, ein grünliches Rot oder eine für zwei Wochen bestehende Persönlichkeitsstörung, der hat nicht etwa Bedarf an Fakten, sondern bestimmte Begriffe aus den Bereichen der Pferde, der Farben und der Psychiatrie nicht verstanden. Wie aber steht es z.B. mit den Fragen, ob es auch Sekt aus der Champagne, erfolgreichen Sex zwischen verschiedenen Arten oder inhaltlich richtigen Wahn geben kann? Die raschen und scheinbar ebenso plausiblen wie einzig möglichen begrifflichen Antworten – Schaumwein aus der Champagne ist kein Sekt, sondern Champagner; eine Art ist dadurch definiert, dass ihre Vertreter sich untereinander paaren (und verschiedene Arten werden durch genau dieses Kriterium voneinander abgegrenzt); Wahn ist definitionsgemäß falsch – sind allesamt unzutreffend![1]

Warum ist dies gerade für den Psychiater von besonderer Wichtigkeit? Jeder Wissenschaftler sollte sich gelegentlich mit den methodischen und begrifflichen Voraussetzungen seines Faches bzw. von Wissenschaft überhaupt beschäftigen, so kann man argumentieren. In einem Fachgebiet jedoch, das sich im Umbruch befindet, ist methodische Reflexion kein Luxus für den Sonntag oder für Festreden, sondern muss zum ureigensten Tun des Psychiaters gehören. Dies liegt daran, dass grundlegende Neuerungen innerhalb einer Wissenschaft immer auch deren Grundannahmen und damit auch deren Begrifflichkeit ändern – man denke nur etwa an die während der vergangenen 50 Jahre geänderten Antworten von Biologen auf die Frage, was Leben ist. Da die Psychiatrie, gleichsam im Schlepptau der Neurowissenschaften, erheblichen Veränderungen unterworfen ist, gilt dies auch für ihre begrifflichen Grundpfeiler.

Beispiele aus eigenen Publikationen mögen dies illustrieren. Noch 1987 war ich nach recht genauem Studium der entsprechenden Literatur zur Überzeugung gelangt, dass selbst die modernste Neurophysiologie nur wenig zur Aufklärung psychologischer und psychopathologischer Sachverhalte beitragen kann. Ich schrieb damals über Halluzinationen, „dass nicht alle Fragen, von denen es scheint, als seien sie durch Erfahrung zu beantworten, durch Erfahrung beantwortbar sind" (Spitzer 1988) und führte Beispiele hierfür an. Dreizehn Jahre später sollte mich die Entwicklung der Neurowissenschaft eines Besseren belehren: Die Frage nach der Wahrnehmungsähnlichkeit von Halluzinationen lässt sich nicht nur durch genaue Beschreibung und begriffliche Klärung beantworten, sondern auch durch Positronenemissionstomographie und funktionelle Magnetresonanztomographie (vgl. Spitzer 2000). Nicht an-

---

1 Schaumwein aus dem Gebiet der Champagne ist nicht ebenso automatisch Champagner wie etwa Wein aus der Pfalz Pfälzer Wein ist. Der Name Champagner bezieht sich vielmehr sowohl auf ein bestimmtes Herstellungsverfahren als auch auf ein Anbaugebiet, weswegen es durchaus deutschen Champagner geben kann (gemeint ist dann nur das Herstellungsverfahren), man aber auch von echtem Champagner spricht, wenn sowohl Ort und Verfahren stimmen (vgl. 2).
Es gehört zu den unerwarteten Befunden der biologischen Feldforschung, dass Paarungen zwischen Vertretern verschiedener Arten viel häufiger – man schätzt bei 10 bis 20% aller Arten – vorkommen als bisher angenommen. Die bekannten unfruchtbaren, von Esel und Pferd abstammenden Maultiere haben damit nicht mehr den Status der die Regel bestätigenden Annahme.
Wahn wird in nahezu allen Lehrbüchern der Psychiatrie als „fixed false belief" definiert.

ders steht es um die Frage, ob man feststellen kann, dass man selbst halluziniert, oder um die Frage nach Identitätskriterien für Halluzinationen. Gewiss ersetzt kein Scanner die kritische Reflexion oder das analytische Denken. Aber man sollte dennoch vorsichtig sein mit apodiktischen Behauptungen zum Wert oder vor allem zum Unwert empirischer Forschung, wie man sie noch immer manchmal unter Psychiatern hört. Dies wird durch die Kasuistik von Schönfeldt und Mitarbeitern (Schönfeldt, in Vorbereitung) eindrucksvoll belegt. Eine Patientin, die Stimmen zu hören angibt, wird durch repetitive transkranielle Magnetstimulation an verschiedenen sprachrelevanten kortikalen Arealen stimuliert, ohne dass sich die anfallsartig auftretende und sehr stark ausgestaltete Symptomatik ändert. Zusammen mit der Psychopathologie liefert die äußere Unbeeinflussbarkeit der Zielsymptomatik einen zusätzlichen Hinweis darauf, dass möglicherweise gar keine Stimmen gehört, sondern vielmehr halluzinatorisches Verhalten (vgl. Spitzer 1988) produziert wurde.

Seit es die funktionelle Bildgebung ermöglicht, Gehirnfunktionen zu lokalisieren und Aktivitätsänderungen mit Funktionsänderungen in Beziehung zu setzen, gibt es eine sehr komfortable und breit anwendbare zweite Möglichkeit der Referenz auf mentale Zustände, einschließlich so privater Prozesse wie Wahrnehmung und bildhafter Vorstellung, neben der des subjektiven Erlebens. Dieser Zugang erlaubt empirische Antworten auf Fragen, die man noch vor zehn Jahren sich nicht zu fragen traute, hätte man damit doch nur das mangelnde eigene analytische Denkvermögen dokumentiert. Diese Situation hat sich grundlegend geändert. Wir können und müssen alte Fragen von neuem stellen: reflektiert, aber zugleich unbeschwert von Dogmen und Vorurteilen.

Literatur

1. Gregory JK, Clary DC, Liu K, Brown MG, Saykally RJ. The water dipole moment in water clusters. Science 1997; 275: 814-7.
2. Jackson RS. Wine science. Principles and applications. San Diego, CA: Academic Press 1997.
3. Schönfeldt C, Herwig U, Spitzer M. Kasuistik zum Thema repetitive transkranielle Magnetstimulation (rTMS) und Behandlung auditiver Halluzinationen. In Vorbereitung.
4. Spitzer M. Was ist Wahn? Ein Beitrag zum Wahnproblem. Heidelberg: Springer 1989.
5. Spitzer M. Halluzinationen. Heidelberg: Springer 1988.
6. Spitzer M. Die Macht innerer Bilder. Heidelberg: Spektrum Akademischer Verlag 2000.

Draufkommen versus Rechtfertigen
Warum Medizin mehr ist als Wissenschaft

Der Gedanke an Wissenschaftstheorie ist nicht gerade dazu geeignet, Medizinstudenten oder fertige Mediziner mit Enthusiasmus zu erfüllen. Zu trocken scheint das Gebiet, zu abgehoben die Überlegungen, zu praxisfern die Inhalte. Ein Blick hinter die zugegebenermaßen recht opaken wissenschaftstheoretischen Kulissen aus Methodenlehre, Sprachjargon und Schulenstreit lehrt jedoch, wie nützlich manches begriffliche Rüstzeug zum Verständnis medizinischen Handelns sein kann. Betrachten wir beispielhaft die Begriffe der *Genese* und der *Rechtfertigung*, die zur Beschreibung wissenschaftlichen Erkenntnisfortschritts immer wieder herangezogen werden.

Die mit dem Begriffspaar gemeinte Unterscheidung ist eine einfache: Es geht bei der Genese um die Frage, wie man auf eine Idee kommt, wohingegen es bei der Rechtfertigung darum geht, wie man zeigt, dass sie zutrifft.

Die Entstehung von Ideen wird in aller Regel kaum untersucht, was durch die Ausnahmen psychologischer Untersuchungen zu Kreativität und Phantasie nur zu gut bestätigt wird. Gemessen an der Bedeutung des Sachverhalts – die gesellschaftlich (über)lebensnotwendige Rolle von Innovation wird von Politik und Wirtschaft gleichermaßen gebetsmühlenhaft betont – ist die Zahl wirklich guter wissenschaftlicher Untersuchungen hierzu geradezu lächerlich gering. Es ist sehr zu hoffen, dass sich dies, nicht zuletzt dank der Erweiterung des Methodenarsenals der Psychologie um kognitiv-neurowissenschaftliche Verfahren, in naher Zukunft deutlich ändert.

Wissenschaftstheorie im strengen Sinn beschäftigt sich nur mit Rechtfertigung; wie jemand auf eine Idee gekommen ist, ist für den Nachweis ihres Wahrheitsgehaltes irrelevant. Beim Rechtfertigen geht es um Begründung, d.h. um inhaltliche Zusammenhänge. Beide Vorgänge – eine Idee haben und ihre Richtigkeit nachweisen – sind nicht nur systematisch, sondern durchaus im subjektiven Erleben verschieden. Von keinem Geringeren als Albert Einstein wird dies, wie von vielen anderen auch, immer wieder berichtet: Seine bahnbrechenden Ideen zur Natur von Licht, Raum, Zeit, Materie und Energie kamen ihm spontan und leicht. Ihre Rechtfertigung war jedoch nach seinen eigenen Angaben für ihn eine Quälerei: Die Mathematik war kompliziert, die Einzelheiten vertrackt.

Ganz offensichtlich hat ein guter Wissenschaftler sowohl neue Ideen als auch die Fähigkeit und Disziplin zu deren Rechtfertigung. Wissenschaftler unterscheiden sich jedoch durchaus darin, wie sehr die Anteile in ihnen verwirklicht sind. Es gibt kreative Menschen, die vor Ideen sprudeln und die einen ganzen Stab von Mitarbeitern brauchen, um diese Ideen in Projekte, d.h., in kontrollierte Erfahrungen zur Rechtfertigung dieser Ideen, umzusetzen. Es gibt demgegenüber den (ebenso wichtigen) Methodiker, der sich vor allem mit der Prüfung bekannter Hypothesen beschäftigt und selten (oder vielleicht auch nie) eine wirklich eigene neue Idee hat. Der Wissenschaftsbetrieb lebt von beidem, d.h., ist weder ohne neue Ideen noch ohne deren Rechtfertigung denkbar. Nicht anders die Wirtschaft: Wer beim Brainstorming viele Ideen hat, ist nicht unbedingt derselbe, der hieraus die guten aussucht, und wieder ein anderer mag über Kraft und Durchsetzungsvermögen verfügen, eine dieser guten Ideen in die Realität umzusetzen. Wissenschaftshistoriker gehen gerne dem psychologischen Kontext der Genese von Ideen nach: Wie viel Wein hat Riemann wirklich bei seinen Entdeckungen zur Integralrechnung getrunken? Warum träumte der Entdecker des Benzolrings Kekulé gerade in jener Nacht von sechs tanzenden, sich an den Schwänzen packenden Affen? Mit wem schlief Einstein, als es ihm dämmerte, dass nicht die Zeit, sondern die Lichtgeschwindigkeit konstant ist? – Fragen wie diese können durchaus von Interesse sein, wenn es darum geht, wie Menschen das zuvor Undenkbare und Unvorstellbare plötzlich denken und sich vorstellen. Aber die Antworten auf diese Fragen – wenn es denn welche gibt – sagen uns nichts (wirklich gar nichts!) über den Wahrheitsgehalt der Ideen.

Wann immer es um die Wahrheit einer Aussage geht, geht es um die Angabe von Gründen. Seit Aristoteles bemühen sich Logiker, die Struktur von Argumenten, Begründungsgängen und damit von Rechtfertigungsfiguren zu klären. Wissenschaftstheorie und Logik haben hier sehr viel Detailarbeit geleistet, die bis heute nicht abgeschlossen ist. So ist beispielsweise die grundlegende Frage nach der Letztbegründung einer Aussage (ähnlich wie Kinder fragen Wissenschaftler immer weiter) zwischen Abbruch, unendlichem Regress und Zirkularität keineswegs entschieden. Dennoch gibt es in jeder Einzelwissenschaft eine in aller Regel hochentwickelte Kultur des Rechtfertigens und Überprüfens, die von dem Gegenstand angemessenen Beobachtungs- und Messverfahren über Auswertungsstrategien bis hin zur Organisation von Publikationsorganen, Peer-review-Evaluationssystemen und Fachgesellschaften reicht. Diese Wissenschaftskultur ist eine Kultur der Rechtfertigung. Es gibt in der Wissenschaft keine Kultur der Genese von Ideen. Wenn Naturwissenschaftlern aus Großbritannien nachgesagt wird, dass sie sich während des Zweiten Weltkriegs, bar jeder Räume und Mittel für Forschung, Mut damit machten, dass sie ja noch immer ihre drei B für die Forschung hätten – bar, bathroom und bedroom –, so zeigt gerade das karikierende Moment die Abwesenheit einer Kultur der Ideengewinnung. Die Entstehung von Ideen, so scheint allgemeiner Konsens zu sein, ist in der Wissenschaft Privatsache.

Medizin ist Wissenschaft, sofern sie Krankheiten zum Gegenstand hat, deren Erforschung prinzipiell ebenso funktioniert wie jede andere Forschung auch und allgemeine, elegant-einfache wahre Aussagen zum Ziel hat. Sofern es in der Medizin jedoch um *Kranke* geht, ist sie mehr als Wissenschaft. Zum einen liegt dies an der seit Hippokrates als besonders definierten würdevollen *Begegnung* zwischen Arzt und Patient, zum zweiten an den Aspekten des *Leidens* und der *Handlung* zu dessen Linderung, also der *Anwendung* von Wissen. Hierüber wurde nicht erst seit dem Aufkommen des Fachs der Medizinethik viel geschrieben.

Ein dritter ebenso grundlegender und häufig nicht klar gesehener Unterschied zwischen Medizin als Wissenschaft und Medizin als Arbeit mit Patienten ist ein logischer und lässt sich nach den obigen Ausführungen zur Genese und Rechtfertigung von Ideen leicht in den Blick nehmen: In der Medizin geht es sehr oft ums Draufkommen. Ist ein Datenhaufen erst einmal zu einem Befund destilliert und die Diagnose (hier im weitest möglichen Sinn zu verstehen) aufgrund einer Reihe von Befunden gestellt, so folgt der Rest nach allgemeinen Regeln der Wissenschaft. Ob aber ein Patient ein „Fall von X" oder ein „Fall von Y" ist und welche Möglichkeiten für X und Y überhaupt in Frage kommen, ist prinzipiell keine Frage der Rechtfertigung einer Idee, sondern eine Frage nach ihrer Entstehung.

In kleinen Ansätzen wurde diese Frage in der Medizin u.a. durch Begriffe wie „klinischer Blick", „Gegenübertragung" oder „Praecox-Gefühl" zu thematisieren versucht, ohne dass man hier weit gekommen wäre. Wenn man sagt, dass der eine den klinischen Blick habe und der andere nicht, gesteht man sich lediglich die aus dem Wissenschaftsbetrieb bekannte Tatsache interindividueller Unterschiede in der Kreativität der Menschen ein. Das Praecox-Gefühl hat in der Psychiatrie insofern für Verwirrung und diagnostische Streitereien gesorgt, als es zwar wegweisend sein mag, um auf die Diagnose Schizophrenie zu kommen, zur Begründung dieser Diagnose jedoch völlig ungeeignet ist. Wenig anders steht es um die Gegenübertragung: „Weil ich aggressiv bin, ist der Patient depressiv" ist ebenso falsch wie „weil mir alles so fremdartig ist und ich nichts verstehe, hat der Patient eine Schizophrenie". Dabei ist der Psychoanalyse durchaus zugute zu halten, dass sie den möglicherweise elaboriertesten und klinisch brauchbarsten begrifflichen Rahmen zur Beschreibung der Genese diagnostischer Ideen geliefert hat. Ja, man muss bei aller derzeitigen Kritik an der Psychoanalyse sogar davor warnen, das Kind des klinisch Brauchbaren mit dem Bade einer zumindest teilweise veralteten Theorie auszuschütten. Womit beginnt denn der diagnostizierende Arzt, wenn nicht mit seinen Gefühlen dem Patienten gegenüber, seinen klinisch geschulten Beobachtungen und seinen freien Assoziationen hierzu, wenn er eine Idee zu generieren versucht, woran der Patient wohl leidet? Mit Kriterienlisten, Entscheidungsalgorithmen und apparativen Verfahren jedenfalls nicht, denn diese gehören in den Kontext der Rechtfertigung, der immer voraussetzt, dass schon eine Idee da ist! Wer glaubt, man könne den Prozess der Genese, das Draufkommen, dadurch aus der Medizin eliminieren, dass man ihn durch Force brute ersetzt (man macht einfach alles bei allen), der übersieht nicht nur die praktischen Probleme begrenzter Ressourcen, sondern auch die prinzipiellen Probleme menschlicher Endlichkeit – zumal bei Kranken.

Vielleicht führt gerade die derzeit so heftig diskutierte Ressourcenknappheit nicht nur zu Überlegungen der Umverteilung, Qualitätskontrolle und ökonomischen Begrenzung, sondern auch zu einer vermehrten Reflexion auf das, was medizinische Praxis ausmacht. Eine Kultur des Draufkommens und deren Vermittlung an Studenten könnte helfen, den diagnostischen Prozess rationaler (durch klare Trennung von Genese und Rechtfertigung), effizienter (durch Förderung eines Brainstorming-freundlichen Klimas) und nicht zuletzt menschlicher (durch ein klareres Selbstverständnis der handelnden Personen) zu gestalten.

Gewalt im Spiel: Von der virtuellen Realität zum Gott-Modus

Immer zur Weihnachtszeit steigt in den Industrieländern der Umsatz an Spielzeug. Gegen Spiele ist ja auch prinzipiell nichts einzuwenden, steigern sie doch möglicherweise die Phantasie und bieten in jedem Fall die Möglichkeit, eben „spielerisch" zu lernen. Die Frage ist, was wir unseren Kindern so alles beibringen. Diese Frage stellt sich im Besonderen bei den immer beliebter werdenden Videospielen. Im Jahr 1999 wurden allein in den USA 215 Millionen Video- und Computerspiele verkauft – das sind mehr als zwei je Haushalt –, Tendenz deutlich steigend (siehe Abb. 1).

Vor etwa 25 Jahren begannen Videospiele zunächst ganz harmlos. Auf den damals verbreiteten Atari-Rechnern konnte man Ping-Pong spielen, und nahezu jeder kennt *Tetris* (herabfallende, aus Würfeln zusammengesetzte Figuren müssen so gedreht und in der Horizontalen bewegt werden, dass aus ihnen

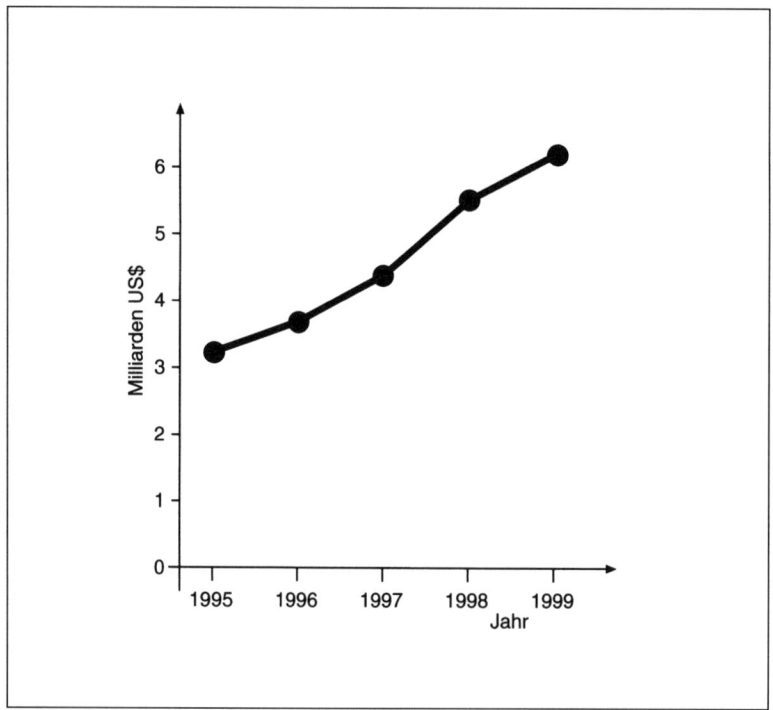

Abb. 1 Jährlicher Umsatz mit Videospielen in den USA in den vergangenen vier Jahren in Milliarden US$. Wie man sieht, hat sich der Umsatz von 1995 bis 1999 nahezu verdoppelt (Anon. 2000).

eine möglichst lückenlose Wand wird) oder *PuckMan* (sich verfolgende und gegenseitig auffressende knabbernde Kekse in einem Irrgarten).

Mit der Entwicklung immer leistungsfähigerer Computergraphik änderte sich etwa im Jahr 1993 der Charakter der Spiele. Rechtzeitig zu Weihnachten des besagten Jahres wurde ein sehr realistisches gewalttätiges Videospiel in die Geschäfte gebracht und mit großem Gewinn verkauft. Der Held schießt nicht nur einfach auf virtuelle Raumfahrzeuge; nein, er köpft seinen Gegner, reißt ihm das Herz aus der Brust oder die Gliedmaßen vom Körper. In Spielen wie *Mortal Combat* ist die Tötung des realistisch dargestellten Gegners das erklärte Ziel. Wie eine vergleichende Analyse von 33 Nintendo- und Sega-Videospielen zeigte, haben etwa vier von fünf Gewalt und Aggression zum Inhalt, eines von fünf dieser Spiele beinhaltet explizit Gewalt gegenüber Frauen (Dietz 1998).

Es gehört zu den Ironien unserer Gesellschaft, dass durch jeweils neue Informationstechnik, wie beispielsweise 64-Bit-Rechner, schnelle Graphikkarten und entsprechende Software, es den zumeist männlichen Kindern und Jugendlichen ermöglicht wird, das jährlich wiederholte „Fest der Liebe" dadurch zu feiern, dass stundenlang bildhaft höchst realistisch vorgegaukelte Akte äußerster Brutalität ausgeführt werden. Man stelle sich einen außerirdischen Anthropologen vor, der vom Mars kommend zu Weihnachten auf der Erde landet und herausbekommen will, worum es bei diesem Fest geht. Durch Verhaltensbeobachtung käme er rasch zu dem Schluss, dass dieses Fest der Gewaltverherrlichung und dem Training der nächsten Generation im Ausführen von Gewaltakten dient. Wollten wir dem Anthropologen dann erklären, was das Fest der Liebe ist, würde er wahrscheinlich nur ungläubig den Kopf schütteln.

Immer wieder wird behauptet, dass spielerische Gewalt – per Video, Computer oder auch einfach nur passiv per TV konsumiert – nicht nur harmlos sei, sondern auch das stellvertretende Ausagieren und damit eine Verminderung von realer Gewalt herbeiführe. Diese Auffassung ist im Hinblick auf das Fernsehen empirisch eindeutig widerlegt (vgl. die kurze Zusammenfassung in Spitzer 2000), wird jedoch bei Spielen noch immer vertreten. So schreibt Emes in einer im *Canadian Journal of Psychiatry* publizierten Übersicht des Titels *Isst Mr. PuckMan unsere Kinder?*, dass „das Spielen von Videospielen eine nützliche Sache sein könnte, um mit aufgestauten aggressiven Energien fertig zu werden" (Emes 1997, S. 413; Übersetzung durch den Autor). Im Gegensatz zu der mittlerweile großen Zahl empirischer Studien zu den Auswirkungen von Gewaltdarstellungen im Fernsehen ist die wissenschaftliche Literatur zu Computer- und Videospielen noch recht spärlich. Gerade vor diesem Hintergrund ist die im Folgenden näher beschriebene Untersuchung von Anderson und Dill (2000) von großer Bedeutung, denn sie zeigt, wie sich eine der bedeutendsten Freizeitbeschäftigungen der jüngeren Generation auf deren Gedanken, Gefühle und Verhalten auswirkt.

Die Autoren gründeten ihre Untersuchungen auf ein Modell der Gewaltbereitschaft, das u.a. davon ausgeht, dass wiederholtes Spielen von Gewalt langfristig zum Erlernen entsprechender Emotionen, Gedanken und Verhaltensbereitschaften führt. Mit ihren eigenen Worten beschreiben sie dies wie folgt:

„Langfristige Effekte von Gewalt in den Medien sind das Resultat der Entwicklung, des Überlernens und der Verstärkung aggressionsbezogener Wissensstrukturen. [...] Jedes Mal, wenn die Leute gewalttätige Videospiele spielen, wiederholen sie aggressive Verhaltensprogramme [sog. *Scripts*; Anmerkung des Übersetzers, M.S.], die Aufmerksamkeit gegenüber Feinden im Sinne einer veränderten Wahrnehmung [*perceptual bias*, M.S.] lehren und verstärken. Ebenfalls gelehrt und verstärkt werden aggressive Handlungen gegenüber anderen, Erwartungen, dass andere aggressive Akte ausführen werden, positive Einstellungen gegenüber Gewalt und Meinungen im Hinblick darauf, dass gewalttätige Konfliktlösungen effektiv und sinnvoll sind. Des Weiteren führt das wiederholte Ausgesetztsein gegenüber visuell eindrücklich dargestellten Gewaltszenen zu einer Abstumpfung [*desensitization*, M.S.] gegenüber Gewalt. Die Schaffung und Automatisierung aggressionsbezogener Wissensstrukturen sowie die Desensibilisierung führen letztlich zu einer Veränderung der Persönlichkeit" (Anderson & Dill 2000, S. 774, Übersetzung durch den Autor). In ihrer eigenen Sprache fassen dies die Autoren wie folgt zusammen: „Long-term video game players can become more aggressive in outlook, perceptual biases, attitudes, beliefs, and behavior than they were before the repeated exposure or would have become without such exposure" (Anderson & Dill 2000, S. 774).

Die Autoren führten zwei Untersuchungen mit unterschiedlicher, sich ergänzender Methodik durch. In einer ersten Untersuchung wurde mittels Korrelationsanalyse der Zusammenhang zwischen gewalttätigem bzw. nicht gewalttätigem Videospiel einerseits und einer Reihe von (mittels standardisierten Erhebungsinstrumenten erfassten) Variablen wie Irritabilität, Aggressivität, aggressive und nicht aggressive Delinquenz, subjektive Meinung im Hinblick auf Kriminalität und persönliche Sicherheit sowie Studienerfolg an 227 College-Studenten (78 Männer, 149 Frauen) mit einem mittleren Alter von 18,5 Jahren gemessen. Das Spielverhalten wurde über einen eigens hierfür entwickelten Fragebogen erfasst. Es zeigte sich, dass 207 (91%) Studenten um den Zeitpunkt der Untersuchung Videospiele in ihrer Freizeit spielten, wobei die hierauf wöchentlich verwendete Zeit 2,14 Stunden betrug. Dies war weniger als während der Schulzeit, für die die Probanden die folgenden Angaben machten: Sie spielten 5,45 Stunden während ihrer Zeit in der Junior High School, 3,69 Stunden zu Beginn der High School und 2,68 Stunden gegen Ende der High School. Von den 20 Nichtspielenden waren 18 Frauen. Die von den Studenten klassifizierten Spiele waren zu etwa einem Fünftel eindeutig gewalttätig und zu einem weiteren Fünftel deutlich gewaltbetont. Das Spielen von gewalttätigen Videospielen war signifikant positiv mit aggressiver Delinquenz ($r = 0,46$) und mit nicht aggressiver Delinquenz (r = 0,31) sowie mit dem Persönlichkeitszug (trait) Aggressivität (r = 0,22) korreliert. Auch das Spielen von Videospielen überhaupt (aggressiv und nicht aggressiv) war signifikant mit aggressiver Delinquenz (r = 0,20) und mit nicht aggressiver Delinquenz (r = 0,15) korreliert, jedoch waren diese Zusammenhänge deutlich geringer ausgeprägt. Es zeigte sich weiterhin, dass das Spielen gewalttätiger Videospiele gering und nicht signifikant negativ mit den Studienleistungen korrelierte (r = –0,08), die mit Videospielen verbrachte Zeit insgesamt ergab jedoch eine signifikante negative Korrelation (r = - 0,2). Weitere multiple Regressionsanalysen ergaben, dass das Spielen gewalttätiger Videospiele vor allem bei Männern mit aggressiver Persönlichkeit zu aggressiven Verhaltensweisen führt (signifikante Dreifachinteraktion). Bei Frauen hingegen (und kaum bei Männern) zeigte sich, dass das Spielen gewalttätiger Videospiele mit dem Gefühl der Unsicherheit und der Meinung, selbst Opfer einer Gewalttat zu werden, korreliert war.

Korrelationen sagen nichts über Ursachen. Es könnte ja sein, dass Delinquente zu gewalttätigen Videospielen neigen (und nicht umgekehrt diese Spiele delinquentes Verhalten hervorrufen). Zur Untersuchung kausaler Zusammenhänge bedarf es entsprechender experimenteller Studiendesigns. Daher wählten die Autoren für ihre zweite Studie an 210 College-Studenten (104 Frauen und 106 Männer) ein solches Design. In einem 2 x 2 x 2 faktoriellen Design mit Typ des Videospiels (gewalttätig: *Wolfenstein 3D* versus nicht gewalttätig: *Myst*), dem Persönlichkeitsfaktor Irritabilität (hoch versus niedrig) und Geschlecht als dichotome Gruppenfaktoren untersuchte man als abhängige Variablen sowohl aggressives Verhalten als auch aggressive Gedanken und Gefühle. Interessanterweise fand man einen Effekt des Spieltyps auf Verhalten und Gedanken, nicht jedoch auf das Gefühl der Feindschaft. Aggressives Verhalten wurde dadurch untersucht, dass die im Labor spielenden Versuchspersonen die Dauer und die Lautstärke eines Lärmgeräuschs im Raum eines vermeintlichen Gegenspielers einstellen konnten, wenn dieser vermeintlich verloren hatte. Unter bestimmten Umständen nahm diese Zeit zu, und zwar mehr beim Spielen des gewalttätigen Spiels. Aggressives Denken wurde mit einem Wortlese-Experiment gemessen, bei dem die Reaktionszeit beim Lesen von insgesamt 192 neutralen oder aggressionsgeladenen Wörtern ermittelt wurde. Es zeigte sich hierbei eine hochsignifikante Verkürzung der Reaktionszeit bei Wörtern mit aggressivem Gehalt nach dem Spielen aggressiver Spiele im Sinne eines Bahnungseffekts. In der experimentellen Studie fand man somit vor allem kognitive und Verhaltenseffekte, die klar für einen fördernden Effekt von aggressiven Videospielen auf die Gewaltbereitschaft der Spieler sprechen.

Es gibt gute Gründe zur Annahme, dass Videospiele Auswirkungen auf die Gewaltbereitschaft haben, die über die Auswirkungen des Fernsehens noch deutlich hinausgehen. So fanden Stickgold und Mitarbeiter (2000), dass in den Schlafepisoden nach längerem Videospiel (gespielt wurde das nicht aggressive Spiel *Tetris*) vermehrt bildhafte Komponenten des Spiels auftreten. Dies betraf interessanterweise nicht die trivialen Aspekte des Spiels, wie beispielsweise Computerbildschirm oder Tastatur, sondern die spielrelevanten visuellen Charakteristika der Stimuli. Da man schon seit längerer Zeit vermutet, dass in den Schlafepisoden nach Lernvorgängen das Gelernte nochmals aktiviert und damit die Erinnerungsspuren gefestigt werden, spricht dieser Befund für ein besonders intensives „Durcharbeiten" und Festigen (man spricht von Gedächtniskonsolidierung) der Spiel*inhalte* im Schlaf. Des Weiteren ist der Spieler beim Spielen mit dem Aggressor automatisch identifiziert, und man weiss aus Untersuchungen zu Gewalt im Fernsehen, dass der Grad der Identifikation mit dem Aggressor die Gewaltbereitschaft des Fernsehkonsumenten beeinflusst. Im Gegensatz zum passiven Betrachten setzt das Spielen die aktive Rolle des Spielers, dessen willentliches Beteiligtsein, voraus. Schließlich sind Videospiele auf eine Weise konstruiert, dass sie verstärkend wirken und zur Spielsucht führen. Man kann auch sagen, dass sich am Markt eben nur diejenigen Spiele durchsetzen, die (aus welchen Gründen auch immer) ein derartiges Potential haben, den Spieler zu belohnen und zu bestrafen, und ihn daher deutlich stärker beeinflussen als rein passiv betrachtetes Material.

Wer noch immer nicht glaubt, dass Videospiele verheerende Folgen haben können, für den habe ich den einleitenden Abschnitt aus der Arbeit von Anderson und Dill (2000, S. 772) übersetzt, der vielleicht deutlicher als Effektstärken in Experimenten und Statistik in Studien zeigt, wohin Gewalt in Videospielen führen kann:

„Am 20. April 1999 starteten Eric Harris und Dylan Klebold einen Terroranschlag auf die Columbus Schule in Littleton, Colorado, und ermordeten 13 bzw. verletzten 23 Mitschüler, bevor sie die Gewehre auf sich selbst richteten. Obgleich es unmöglich ist, genau zu wissen, was diese Teenager dazu veranlasst hat, ihre Lehrer und Klassenkameraden anzugreifen, waren wahrscheinlich mehrere Faktoren beteiligt. Ein möglicher solcher Faktor sind gewalttätige Videospiele. Harris und Klebold spielten gerne das blutige „Leg-sie-um"-Videospiel *Doom*, ein Spiel, das vom Militär der USA zur Ausbildung von Soldaten im tatsächlichen Töten des Gegners lizenziert und eingesetzt wird. In den Archiven des Simon-Wiesenthal-Zentrums, einer Institution, die das Aufspüren von Hass und Gewalt im Internet zum Ziel hat, wurde eine Kopie der Web-Seite von Harris gefunden, die eine von ihm personalisiert gestaltete Version des Spiels *Doom* enthielt. In dieser Version gab es zwei Soldaten, ausgestattet mit extra Waffen und unbegrenzter Munition, und die Gegner im Spiel waren wehrlos. Als Projektarbeit im Rahmen des Unterrichts hatten Harris und Klebold ein Video produziert, das der von ihnen personalisierten Version des Spiels *Doom* entsprach. In diesem Video tragen Harris und Klebold Trenchcoats, sind bewaffnet und ermorden sportliche Klassenkameraden. Weniger als ein Jahr später agierten sie ihre Video-Performance in der Realität aus. Ein mit dem Wiesenthal-Zentrum assoziierter Untersucher sagte aus, dass Harris und Klebold ‚ihr Spiel spielten – im Gott-Modus'.“

Literatur

1. Anderson CA, Dill KE. Video games and aggressive thoughts, feelings and behavior in the laboratory and in life. Journal of Personality and Social Psychology 2000; 78: 772-90.
2. Anonymus. Today's debate: Kids and electronic violence. Callous video game industry invites would-be regulators. USA Today, 25.8.2000, S. 7A.
3. Dietz TL. An examination of violence and gender role portrayals in video games: Implications for gender socialization and aggressive behavior. Sex Roles 1998; 38: 425-42.
4. Emes EC. Is Mr. PuckManeating our children? A review of the effect of video games on children. Canadian Journal of Psychiatry 1997; 42: 409-14.
5. Stickgold R, Malia A, Maguire D, Roddenberry M, O'Conner M. Replaying the game: Hypnagogic images in normals and amnesics. Science 2000; 290: 350-3.
6. Spitzer M. Gewalt im Fernsehen: Wir dürfen nicht zuschauen! In: Geist, Gehirn & Nervenheilkunde. Stuttgart-New York: Schattauer 2000; 9-11.

Von Amazon.com zum denkenden Planeten

Nach unbestätigten, mir gelegentlich von Buchhändlern übermittelten Berichten gibt es Menschen, die mein Buch „Geist im Netz" für eine Gebrauchsanweisung für die Benutzung des Internets halten. Dabei war der Titel ganz sicher nicht als Anspielung auf dieses Medium der globalen Verbindung gemeint, das nicht selten als die wesentliche technische Innovation der 90er-Jahre bezeichnet wird, obgleich seine Anfänge in die 70er-Jahre zurückgehen. Seine Ähnlichkeiten mit dem Gehirn – geht es doch um Vernetzung und Komplexität – ist aber vielleicht doch mehr als nur oberflächlich.

Betrachten wir folgendes Beispiel: Amazon.com ist mittlerweile der größte Buchladen der Welt. Im elektronischen Online-Katalog, einer „Seite" auf dem World Wide Web, findet man nicht nur sehr viele Bücher sowie deren Rezensionen, sondern auch eine kleine anklickbare Funktion, die nicht nur von mir selber, sondern – wie eine diesbezügliche Blitzumfrage bei ein paar Kollegen und Freunden ergab – auch von anderen gerne benutzt wird: *„people who bought this book also bought ..."* Potenzielle Käufer erhalten somit Informationen über die Kaufentscheidungen früherer Käufer, d.h. nicht eigentlich über das Buch selbst, sondern über Verbindungen von Ideen dieses Buchs, wie sie in den Köpfen anderer Menschen repräsentiert sind und sich in Aktionen dieser Menschen manifestiert haben. – Nichts Besonderes, so möchte man meinen. Ein interessanter und wahrscheinlich wirksamer Werbetrick, der auf Neugierde beruht und den Umsatz ankurbelt. Oder vielleicht doch mehr?

Vor mehr als 20 Jahren publizierte der Freiburger Biologe Carsten Bresch (Bresch 1978) eine Monographie zur langfristigen Sicht evolutionsbiologischen Geschehens. Die These des Buchs war, dass Evolution zu einer Zunahme von Komplexität führt. Retrospektiv ist dies fast trivial, bedenkt man die Entwicklung vom Einzeller über Vielzeller bis hin zu komplexen Organismen wie Säugetieren und dem Menschen. Das menschliche Gehirn mit – um nur Größenordnungen zu nennen – 10^{10} Nervenzellen, die insgesamt 10^{14} Verbindungen eingehen, wird immer wieder als das komplexeste Stück Materie im Universum bezeichnet. Jeder von uns, der nicht gerade durch unsachgemäßen Umgang mit seinem Gehirn dessen Funktion beeinträchtigt, kann Zeuge sein vom Kaleidoskop des nie enden wollenden Stroms von inneren Bildern und Gedanken und vor allem immer wieder neuer und unerwarteter Verbindungen zwischen diesen.

Bresch extrapolierte diese Entwicklung in die Zukunft und prophezeite, dass dieser Prozess der Entstehung zunehmender Komplexität weiter geht: Menschen werden miteinander interagieren und Systeme hervorbringen, deren

Komplexität den einzelnen Menschen deutlich übersteigt, analog zu einem komplizierten Ameisenstaat oder auch einem komplizierten Gehirn, die beide Eigenschaften besitzen, die über die Eigenschaften einzelner Ameisen oder Nervenzellen weit hinausgehen. Bresch nannte ein solches komplexes Gebilde *Monon* und sagte voraus, dass es letztlich den ganzen Erdball umspannen würde. Einzelne Lebewesen sind aus dieser Sicht lediglich eine Zwischenstufe in der Entwicklung zu immer mehr Komplexität. Entsprechend lautete der Titel des damaligen Buchs „Zwischenstufe Leben".

Der Autor, mit dem ich seit meinen gelegentlichen Ausflügen in die Freiburger Schänzlestraße, in der sich das Institut für Biologie III, Genetik, befindet, nicht mehr gesprochen habe, muss überrascht darüber sein, wie schnell seine Prophezeiung von der Realität des Internet eingeholt wurde bzw. wird.

Wenn man schon das Internet mit einem Gehirn in Beziehung setzt, so muss man zugeben, dass genau genommen das Internet eher einem Gehirn im frühen Embryonalstadium entspricht: Einzelne Neuronen sind entwickelt, die Verbindungen jedoch noch schwach ausgeprägt und wenig frequentiert. Die ganze Sache ist zudem noch recht starr: Zwar gehen die Überlegungen einzelner Programmierer in die Gestaltung der Informationen und auch deren Vernetzung ein, die *Benutzung* des Internet, d.h., die Suche nach und Bearbeitung von Informationen durch die Nutzer, hat jedoch noch keinen Einfluss auf das Netz.

Manche Informatiker sehen jedoch voraus, dass in absehbarer Zukunft eine Reihe von Entwicklungen stattfinden wird, die insgesamt zur Emergenz völlig neuer Eigenschaften führen werden. Bislang funktioniert das Internet relativ statisch: Eine Person schreibt eine Webseite und fügt Verbindungen zwischen dieser Seite und anderen Seiten hinzu, so genannte Hyperlinks. Suchmaschinen mit relativ großer Speicherkapazität, aber wenig bzw. gar keiner eigenen Intelligenz, speichern Inhalte von Webseiten und geben Antworten auf entsprechende Abfragen.

Seit Jahren wird daran gearbeitet, die Architektur des Internet flexibler und gebrauchsabhängiger zu gestalten. So ist zum Beispiel vorstellbar, dass sich die Hyperlinks entsprechend ihrem Gebrauch im Hinblick auf ihre Stärke ändern: Sofern viele Benutzer sich von einer bestimmten Webseite zu einer bestimmten anderen Webseite „durchklicken", wird die Verbindung zwischen diesen beiden Webseiten stärker. Damit entstünden gebrauchsabhängige Prioritäten bei den Verbindungen im Netz, und umgekehrt können „Links", die nie begangen werden, automatisch ausgemerzt werden. Das Endresultat eines so organisierten Internet ist ein dynamisches System mit beständig wechselnden, stärker und schwächer werdenden Verbindungen zwischen einzelnen Webseiten, d.h. Inhalten. Ein solches System ist dem Gehirn mit seinen Neuronen und beständig wechselnden synaptischen Verbindungen zwischen diesen nicht unähnlich.

Es ist weiterhin denkbar, dass die Webarchitektur so geändert wird, dass neue Verbindungen spontan entstehen, etwa dann, wenn eine Verbindung von A nach B nach C häufig begangen wird. In diesem Fall könnte eine neue Verbindung von A direkt nach C hergestellt werden. Das Netz würde durch diesen Prozess der Selbstorganisation schneller und effizienter.

Skeptiker könnten argumentieren, dass ein so konfiguriertes Internet nichts weiter darstellt als das Äquivalent von Elefantenpfaden im Busch: Gangbare Wege werden immer wieder begangen und es entstehen sichtbare, breiter werdende Pfade durch einen Prozess, bei dem man ganz analog von „elefantenübergreifender" Selbstorganisation sprechen könnte. Der Einwand trifft durchaus zu, übersieht jedoch, dass es im Internet die Möglichkeit gibt, so genannte autonome Agenten für sich arbeiten zu lassen: Kleine Programme, die Webseiten nach bestimmten Inhalten absuchen. Sofern man solche Programme dahingehend implementiert, dass sie Webseiten nach bestimmten Inhalten absuchen und damit selbst Verbindungen zwischen ähnlichen Webseiten hervorrufen können, wird das Netz insgesamt autonom: Es stellt Assoziationen her, einen Gedanken, wenn man will, ohne dass eine bestimmte Person involviert ist, d.h., diesen Gedanken denkt. Man hört daher immer wieder in jüngerer Zeit Worte wie „globaler Superorganismus" oder auch „globales Gehirn" (vgl. Brooks 2000).

Dieser Gedanke gefällt den wenigsten: Ebenso wie nach der Publikation von Breschs Buch viele Menschen entrüstet waren über die Idee, ein Individuum könnte bloß noch ein Teil eines Gesamten, Größeren sein, des Monons, so bereitet auch der Gedanke, dass ein aus vernetzten Computern bestehendes System Intelligenz besitzt (und womöglich mehr als jedes einzelne Individuum) vielerorts Unbehagen (Anonymus 2000). Man sollte sich jedoch darüber im Klaren sein, dass die Veränderungen langsam kommen und kaum bemerkt werden, wie das eingangs geschilderte Beispiel des Internet-Buchladens zeigt: Eine Möglichkeit, ein neugieriger Klick, weiter nichts Besonderes ...

Literatur

1. Anonymus. An alien intelligence. We have little to fear from the nascent global brain – yet. New Scientist 2244 (24.6.2000): 3.
2. Bresch C. Zwischenstufe Leben. München: Piper 1978.
3. Brooks M. Global Brain. New Scientist 2244 (24.6.2000): 22-7.

Sprachmodule – typisch menschlich?
Japanisch versus Holländisch, vorwärts und rückwärts bei Neugeborenen und Affen

Nur die Spezies Mensch verfügt über gesprochene Sprache. Was ist beim Menschen anders als bei allen anderen Arten, worin liegt genau der Unterschied im Hinblick auf das Sprachvermögen? Was ist es, was dem Menschen eigen ist, was Tiere nicht haben, weswegen ihnen die Fähigkeit zum Sprechen abgeht?

Seit den Arbeiten des Sprachwissenschaftlers Noam Chomsky zum Spracherwerb (vgl. Spitzer 1999) wird immer wieder argumentiert, dass es so etwas wie ein angeborenes Sprachvermögen beim Menschen gibt. Worin aber genau liegt dessen Natur? Dieser Frage wurde in der Vergangenheit immer wieder in Studien an Neugeborenen sowie an Affen nachgegangen, um einerseits das, was beim Menschen angeboren ist ohne bereits stattgefundene Überformung durch Lernen, zu untersuchen, und um andererseits bei unseren nächsten Verwandten nachzusehen, was diese sprachlich können bzw. was sie gerade nicht können.

So weiß man beispielsweise, dass Neugeborene bereits Silben und den Sprachrhythmus verschiedener Sprachen unterscheiden können. Interessanterweise fand man weiterhin, dass diese Fähigkeiten auf Sprache, die vorwärts abgespielt wird, beschränkt sind; sie verschwinden, wenn man Sprache rückwärts abspielt. Hieraus lässt sich ableiten, dass es nicht nur um die Wahrnehmung von Frequenzmustern in der Zeit geht, sondern um recht spezifische sprachliche Eigenheiten wie Verschlusslaute etc., die eine bestimmte gerichtete zeitliche Charakteristik aufweisen. Die Wahrnehmungspräferenz für diese gerichteten zeitlichen Charakteristika wiederum kann nicht erlernt sein, denn man findet sie, wie bereits gesagt, schon bei Neugeborenen. Es scheint also, als wären Menschen mit bestimmten spezifischen Diskriminationsfähigkeiten im Hinblick auf akustische Wahrnehmungsmuster ausgestattet, die es ihnen erlauben, Sprache besonders gut zu erlernen. Gewiss geht es beim Sprachverstehen um mehr als um akustische Diskrimination, aber dennoch käme die Entdeckung einer entsprechenden spezifisch menschlichen Fähigkeit dem Nachweis eines Sprachmoduls, also einer spezifisch sprachlichen kognitiven Funktion, sehr nahe.

Ramus und Mitarbeiter (2000) gingen genau dieser Frage nach der Natur des Sprachmoduls und dessen Spezifität für die Spezies Mensch auf recht ungewöhnliche Weise nach. So untersuchten sie insgesamt 165 Säuglinge im Alter von wenigen Tagen sowie 13 ausgewachsene Tamarin-Äffchen im Hinblick auf ihre Reaktionen auf jeweils 20 Sätze holländischer bzw. japanischer Sprache.

Wie aber studiert man Sprache bei Neugeborenen und Affen? Man kann ja niemanden fragen! Hier hat die empirische Entwicklungspsychologie jedoch in den vergangenen Jahrzehnten bedeutende Fortschritte gemacht und mittlerweile recht gut etablierte Verfahren zur Verfügung gestellt, mit denen genau dies eben doch geht (vgl. Spitzer 2000 zu einem auf ähnlichen Prinzipien beruhenden Sehtest für Neugeborene). Man verwendete ein so genanntes Habituierungs-Dishabituierungs-Experiment, das wie folgt funktioniert: Wann immer die Säuglinge an ihrem Schnuller heftig saugten, wurden ihnen die Sätze vorgespielt und wurde die Anzahl der heftigen Saugakte pro Minute (highamplitude sucks) gemessen. Wie seit längerer Zeit bekannt ist, verhalten sich Säuglinge anders beim Saugen, wenn eine Änderung des Input auftritt: Sie saugen heftiger (denn die Änderung per se ist für sie interessant; Gehirne, besonders die von Säuglingen, lechzen gewissermaßen nach Abwechslung). Nun kann man die Argumentation umdrehen und das Saugen untersuchen, um festzustellen, ob ein Säugling eine Änderung wahrnimmt. Man gibt hierzu zunächst den gleichen Input für eine gewisse Zeit, wechselt dann und misst, ob sich das Saugen verstärkt hat. Wenn ja, hat der Säugling die Änderung offensichtlich registriert. Mit diesem Paradigma wurde nachgewiesen, dass Säuglinge den Unterschied zwischen zwei Sprachen bemerken: Werden zunächst 10 holländische Sätze vorgespielt und dann 10 japanische, so nimmt das Saugen nach dem Wechsel der Sprachen zu. Allein der unterschiedliche Klang oder Rhythmus dieser Sprachen erlaubt es also den Säuglingen, diese zu unterscheiden. Dass es in der Tat der Rhythmus ist und nicht der Klang, wurde dadurch gezeigt, dass man die Sätze rückwärts abspielte: Nun reagierten die Säuglinge nicht mehr auf den Wechsel der Sprachen.

Handelt es sich bei dieser Rhythmus-sensitiven Wahrnehmung nun um das spezifisch menschliche Sprachmodul? Dieser Frage wurde dadurch nachgegangen, dass man im Prinzip das gleiche Experiment mit kleinen Äffchen durchführte. Anstatt des Saugreflexes wurde als abhängige Variable hier die Orientierung des Kopfes zu einem von zwei Lautsprechern gemessen. Zunächst wurden durch den einen Lautsprecher die 10 Sätze der einen Sprache (von zwei Sprecherinnen gesprochen) vorgespielt und dann durch den zweiten Lautsprecher entweder weitere Sätze der gleichen Sprache durch eine andere Sprecherin (speaker change condition) oder es wurde die Sprache gewechselt (language change condition). Die Orientierung der Äffchen zum zweiten Lautsprecher wurde gemessen und stellte damit ein Maß für das Feststellen eines neuen Stimulus dar. Es zeigte sich hierbei, dass die Äffchen den Wechsel des Sprechers nicht, den Wechsel der Sprache jedoch sehr wohl bemerkten. Sie konnten also die beiden Sprachen unterscheiden. Spielte man nun die Sätze rückwärts vor, war diese Unterscheidungsfähigkeit verloren; mit der Unterscheidungsfähigkeit zwischen holländischer und japanischer Sprache verhält es sich also bei den Äffchen nicht anders als bei den Säuglingen.

Diese Studie zeigt wieder einmal mehr, dass auch ein „Non-finding" ein interessantes Ergebnis sein kann: Sowohl Säuglinge als auch Tamarin-Äffchen können Holländisch von Japanisch unterscheiden, und sie benutzen dabei ähnliche abstrakte im Sprachrhythmus steckende Informationen, die beim Rückwärtsspielen der Sprachen verloren gehen. Da Tamarin-Äffchen der Sprache nicht fähig sind, muss man annehmen, dass ihre Unterscheidungsfähigkeit Bestandteil ihres auditorischen Apparates ist, der auch für die Verarbeitung der Laute von Primaten zuständig ist. Man muss weiter schließen, dass die Fähigkeit, komplexe rhythmische gestalthafte Muster wahrzunehmen, nicht spezifisch menschlich ist und dass es sich hierbei nicht um das spezifisch menschliche „Sprachmodul" handeln kann.

Vielleicht liegt dieses Modul weniger im Sprachverständnis als in der Sprachproduktion! Einen Hinweis hierauf liefert eine Arbeit, die nur eine Woche nach der von Ramus et al. (2000) publizierten Arbeit ebenfalls in Science erschien (MacNeilage & Davis 2000).

Auch für das Sprechen von Sprache gibt es biologische Determinanten. Hinweise darauf ergaben sich aus Untersuchungen zur Universalität der Phonologie. So fand man beispielsweise, dass alle Sprachen Stopkonsonanten (t, d) enthalten, nicht aber Reibungslaute (s). Weiterhin gibt es zwar Konsonanten in allen Sprachen, hintereinander hängende Konsonanten (gl, pr) jedoch nicht in allen (Locke 2000).

Bei manchen Wörtern, man nennt sie onomatopoietisch, ist der Zusammenhang zwischen ihrer Bedeutung und ihrem Klang offensichtlich, denn der Klang spiegelt einen akustischen Aspekt des vom Wort gemeinten Sachverhalts oder Gegenstands wider. So miaut die Katze, die Kuh muht (beides onomatopoietische Verben), wohingegen Hunde nur bellen und Vögel nur singen. In Norddeutschland spielen Kinder nicht mit Dreck, sondern mit Klackermatsch, und Hunde im angloamerikanischen Sprachraum tönen whow whow.

Von den relativ seltenen onomatopoietischen Wörtern jedoch abgesehen erscheint der Zusammenhang zwischen Wortklang und Wortbedeutung zufällig. Dass dies jedoch nicht der Fall ist, zeigt die Studie von MacNeilage und Davis, die auf folgendem Sachverhalt der Sprachentwicklung basiert: Im Alter zwischen 7 und 10 Monaten beginnen Kinder damit, den Unterkiefer auf und ab zu bewegen und gleichzeitig die Stimmbänder zu nutzen. Da der Artikulationsapparat des Menschen sich von dem auch unserer nächsten Verwandten deutlich unterscheidet, kommt es zu typischen Vokalisationen, die jeder kennt, der schon einmal einen Säugling auf dem Arm gehabt hat: Je nachdem, wo sich dann die Zunge befindet und ob sie eher flach oder gekrümmt ist, entsteht ein Lallen, das nach „jaja" oder nach „wawa" klingt. Wird der Luftstrom durch Zunge oder Lippen unterbrochen, entsteht „dada" oder „baba", hören dabei die Stimmbänder auf zu flattern, hört man „tata" und „papa", und geht die Luft zur Nase heraus, während die Stimmbänder weiterschwingen, hört es sich je nach

Stand von Zunge und Lippen wie „mama" oder „nana" an. Es ist kein Zufall, dass die Römer die weibliche Brust „mamma", die Engländer den Babysitter „nanny" oder die Deutschen den Vater „Papa" nennen, dass also die ersten Wörter dadurch entstehen, dass Säuglinge Laute, die sie ohnehin spontan artikulieren, bei entsprechendem Kontext mit Bedeutung in Verbindung bringen.

Die Autoren untersuchten Konsonant-Vokal-Sequenzen daraufhin, ob sie zufällig verteilt auftreten oder ob es bestimmte Konsonanten gibt, die bestimmte Vokale bevorzugt nach sich ziehen. Dies kann man vermuten, denn Vokale und Konsonanten werden durch bestimmte Stellungen der Artikulationsorgane hervorgebracht. Man unterscheidet labiale (b, p) von gutturalen (g, k) Konsonanten sowie bei den Vokalen solche, bei denen die Zunge eher frontal (a) oder dorsal (o) nach unten bewegt wird. Wenn es nun einen Einfluss der Anatomie und Physiologie der Artikulationsorgane auf den Klang von Wörtern gibt, dann sollten bestimmte Silben häufiger sein als andere, nämlich die Kombinationen von labialen Konsonanten („dada" häufiger als „dodo") mit frontalen Vokalen bzw. von gutturalen Konsonanten mit dorsalen Vokalen („gogo" häufiger als „gaga").

Als Datenbasis untersuchten die Autoren 12471 Konsonant-Vokal-Sequenzen in bedeutungslosem Geplapper von sechs Säuglingen, 5635 entsprechende Sequenzen in den ersten gesprochenen Wörtern bei zehn Kindern sowie 12360 Konsonant-Vokal-Sequenzen in Wörtern aus zehn verschiedenen Sprachen. Sie fanden in allen drei Datensätzen mit überzufälliger Häufigkeit die genannten regelhaften Zusammenhänge zwischen Konsonant und Vokal in den Konsonant-Vokal-Sequenzen. Der Zusammenhang war dabei im Geplapper und in den ersten Wörtern höher als in den Sprachen (der Erwachsenen), hielt sich aber durch. Mit anderen Worten: Die Struktur von Wörtern ist nicht zufällig. Sie wird bestimmt von den Gegebenheiten der Artikulationsorgane, die beim Spracherwerb eine wichtige Rolle spielen und deren Einfluss sich auch nach dem Spracherwerb an gesprochener Sprache nachweisen lässt. Damit ist zwar kein Sprachmodul identifiziert; in jedem Falle aber eine weitere biologische Randbedingung, bei der es sich um eine typisch menschliche handelt.

Literatur

1. Locke JL. Movement patterns in spoken language. Science 2000; 288: 449-51.
2. MacNeilage PF, Davis BL. On the origin of internal structure of word forms. Science 2000; 288: 527-31.
3. Ramus F, Hauser MD, Miller C, Morris D, Mehler J. Language discrimination by human newborns and by cotton-top Tamarin monkeys. Science 2000; 288: 349-51.
4. Spitzer M. Die Regeln lernen – aber wie? Nervenheilkunde 1999; 18: 100-1.
5. Spitzer M. Die Macht innerer Bilder. Heidelberg: Spektrum Akademischer Verlag 2000, im Druck.

Leseschwäche als Mikroverdrahtungsstörung
Zu den Möglichkeiten
der Diffusions-Tensor-Magnetresonanztomographie

Kinder mit Leseschwäche galten lange Zeit als dumm, faul, unwillig oder irgendeine Kombination hiervon. Erst seit dem Nachweis, dass viele dieser Kinder – es sind immerhin je nach Schätzung 3–6, 4–8 oder gar 5–10% aller Kinder – eine Dysfunktion in der Wahrnehmung rascher Lautfolgen aufweisen, setzt sich die Erkenntnis durch, dass es sich bei der Leseschwäche um ein neurobiologisch charakterisierbares Defizit handelt (Tallal et al. 1996). In funktioneller Hinsicht besteht es darin, dass beispielsweise Verschlusslaute wie b und p, d und t, g und k sich akustisch nur durch Charakteristika unterscheiden, die im Bereich von etwa 20 Millisekunden ablaufen. Ist der Kortex im Bereich sekundärer Hörzentren zu langsam, klingen diese Laute gleich. Werden sie aber nicht mehr unterschieden, erreicht nur unzureichend differenziertes Material weitere, höhere Sprachzentren, weswegen es hier zu Verarbeitungsstörungen kommt. Wie aber lässt sich dieses Defizit näher charakterisieren? Worum genau handelt es sich?

Wegweisend für eine Beantwortung dieser Frage war eine bereits vor längerer Zeit durchgeführte Studie von Galaburda und Mitarbeitern (1985), die Gehirne von Personen mit Leseschwäche post mortem untersuchten. Hierbei zeigten sich linkstemporale Auffälligkeiten als Hinweis darauf, dass es sich bei der Leseschwäche um eine neurobiologisch zu charakterisierende psychopathologische Erscheinung handelt. Hierzu passen auch die Befunde pathologischer Aktivierungsmuster beim Lesen in funktionellen Bildgebungsstudien (Paulescu et al. 1996, Shaywitz et al. 1998). Bereits aufgrund dieser Studien wurde die Hypothese vorgeschlagen, dass es sich bei der Leseschwäche um ein Diskonnektionssyndrom handelt, d.h. um eine Störung der Mikroverdrahtung zwischen frontalen und temporalen Arealen der linken Hemisphäre. Hierfür spricht auch die von Horwitz und Mitarbeitern (1998) berichtete verminderte Korrelation der metabolischen Aktivität frontaler, temporaler und okzipitaler kortikaler, beim Lesen involvierter Areale bei Personen mit Leseschwäche.

Eine kürzlich publizierte Untersuchung von Klingberg und Mitarbeitern (2000) an sechs Probanden mit Leseschwäche und einer Kontrollgruppe (n = 11) ergab nicht nur eine weitere Bestätigung der Hypothese, sondern erscheint wegweisend für die Bedeutung einer neuen Technik im Bereich der Magnetresonanztomographie (MRT) für die Diagnostik neuropsychiatrischer Störungsbilder. Bekanntermaßen beruht die MRT auf der Tatsache, dass der unterschiedliche Wassergehalt verschiedener Gewebe sich in Änderungen magnetischer Eigenschaften dieser Gewebe zeigt, die gemessen und zum Bildaufbau verwendet werden. Bei der Diffusions-Tensor-Magnetresonanztomographie wird nun nicht der Wassergehalt, sondern die Beweglichkeit diffundierenden Wassers im Raum gemessen. Ist der Raum unstrukturiert, so können die Wassermoleküle in diesem Raum frei, d.h. nach allen Richtungen gleich *(isotrop)* diffundieren. Befinden sich die Wassermoleküle hingegen in Strukturen, die ihre Beweglichkeit in einer bestimmten Richtung einschränken, spricht man von einer *Diffusions-Anisotropie.*

Wie aus Abbildung 1 unschwer zu erkennen ist, handelt es sich bei der weißen Substanz des Gehirns, d.h. bei markscheidenhaltigen Nervenfaserbündeln, um solche die Beweglichkeit des Wassers richtungsspezifisch beeinflussende Strukturen. Gleichgerichtete markhaltige Nervenfasern führen somit zu einer Anisotropie der Diffusion von Wasser, wobei die Richtung der Nervenfasern durch die größte Beweglichkeit des Wassers gegeben ist. Diese lässt sich durch einen Tensor beschreiben, d.h. durch eine Art mehrdimensionalen Vektor, der das richtungsabhängige Ausmaß der Diffusion des Wassers angibt. So erklärt sich der zungenbrecherisch lange Name einer der neuesten Erweiterungen des Arsenals der Möglichkeiten struktureller Bildgebung. Die Diffusions-

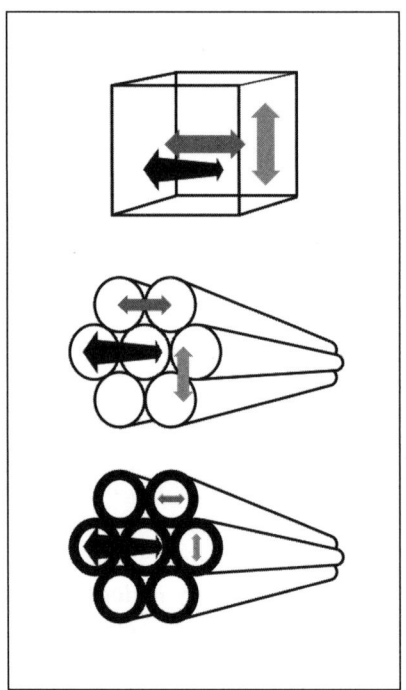

Abb. 1 Diffusionsrichtung (Beweglichkeit) von Wasser in einem nach allen Richtungen gleichförmigen – isotropen – Raum (oben). Marklose Nervenfasern (Mitte) schränken die Diffusion von Wasser weniger ein als markhaltige Fasern (unten), die bei gleicher Richtung ein Höchstmaß an Richtungsunterschied der Diffusion, d.h. an Anisotropie, bewirken.

Tensor-Magnetresonanztomographie (DT-MRT) zeigt Myelinisierungsgrad, Ausmaß der Gerichtetheit und Richtung von Nervenfaserbündeln der weißen Substanz im ZNS an (vgl. Basser 1995, Conturo et al. 1999).

Mit Hilfe der DT-MRT gingen Klingberg et al. nun an fünf Männern und einer Frau mit Leseschwäche sowie an einer Kontrollgruppe von sechs Männern und fünf Frauen der Frage nach, ob sich in der Feinstruktur der weißen Substanz bei Probanden mit Leseschwäche Abweichungen von der Norm finden lassen. Ein Gruppenvergleich der im gesamten Gehirn gemessenen Werte für die Anisotropie ergab eine signifikant geringere Anisotropie im Bereich der Temporoparietalregion beidseits in der Gruppe der Probanden mit Leseschwäche. Ein Vergleich zusätzlich aufgenommener (T1-gewichteter) anatomischer MR-Bilder ergab keine signifikanten Unterschiede zwischen den Gruppen. Damit war ausgeschlossen, dass die nachgewiesenen mikrostrukturellen Unterschiede nicht sekundär durch gröbere anatomische Differenzen bedingt waren.

Da ein Gruppenunterschied noch keine Aussagen über die klinische Relevanz der Messwerte erlaubt, wurden die Korrelationen zwischen der (mittels standardisierter Methodik bestimmten) Lesefähigkeit und dem Grad der Anisotropie für jedes Voxel berechnet. Dies ergab eine Gruppe von Voxeln in der weißen Substanz der linken Hemisphäre, die zu 52% mit den zuvor bestimmten Voxeln verringerter Anisotropie übereinstimmte. Mit anderen Worten: Eine strukturelle Störung der weißen Substanz lässt sich bei Probanden mit Leseschwäche beidseits finden. Nur die Störung in der linken Hemisphäre korreliert jedoch mit dem Ausmaß der Leseschwäche. Die Korrelation zwischen Mikroverdrahtungsstörung (gemessen als Verminderung der Anisotropie im DT-MRT) und Leseschwäche betrug in einem der Voxel für die Gesamtgruppe 0,84 (vgl. Abb. 2). Dieser Wert ist beeindruckend, handelt es sich doch um den Zusammenhang zwischen einem Maß für Fasermikrostruktur und einem Lesetest, also zwei konzeptuell bzw. kategorial sehr verschiedenen Variablen.

Durch weitere statistische Untersuchungen (u.a. schrittweise Regressionsanalysen) konnte zudem gezeigt werden, dass der Zusammenhang zwischen Anisotropie und Leseschwäche nicht auf andere Variablen wie nichtverbale Intelligenz zurückzuführen und unabhängig vom Alter und Geschlecht der Probanden war. Der Faserverlauf in dem gefundenen Areal, dessen deformierte Mikrostruktur mit der Lesefähigkeit korreliert, ist anterior-posterior ausgerichtet, was mit der Hypothese einer Diskonnektion temporoparietaler und frontaler Areale bei Leseschwäche gut vereinbar ist. Läsionen in dem gefundenen Gebiet der gestörten Mikroverdrahtung führen zur erworbenen Dyslexie.

Wie jede gute wissenschaftliche Untersuchung, stößt auch die von Klingberg und Mitarbeitern eine Tür zu einem neuen Raum auf, in dem sich wiederum eine ganze Reihe weiterer noch verschlossener Türen befinden. Wir kennen das histologische Korrelat der verringerten Anisotropie bei Leseschwäche nicht, in Frage kommen so verschiedene Variablen wie Zahl, Verlauf, Dicke

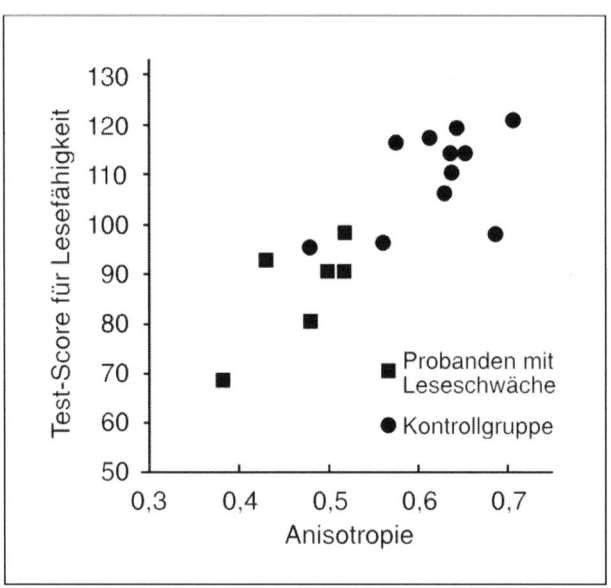

Abb. 2 Zusammenhang zwischen den Ergebnissen des Lesetests und der Anisotropie in einem Voxel im Bereich der linken temporoparietalen weißen Substanz. Probanden mit Leseschwäche sind durch Quadrate, Kontrollpersonen durch Kreise symbolisiert. Berechnet man die Korrelation der beiden Variablen (zum Ausschluss einer Scheinkorrelation durch Zusammenlegung zweier Gruppen mit unterschiedlichen Mittelwerten) für die Gruppen getrennt, bleiben signifikante Werte für beide Gruppen bestehen (Probanden mit Leseschwäche: $r = 0{,}74$; $p < 0{,}05$; Kontrollgruppe: $r = 0{,}53$; $p < 0{,}05$).

und Myelinisierung der Fasern und sogar Unterschiede der Ursprungsneuronen der betreffenden Axone. Wir wissen auch noch nicht, welche anderen neuropsychiatrischen Krankheitsbilder Auffälligkeiten zeigen, wenn man die Patienten in der dargestellten Weise sorgfältig untersucht. Die Arbeit verweist jedoch auf die Möglichkeit, mikrostrukturelle Auffälligkeiten nichtinvasiv zu messen. Da man solche Mikroverdrahtungsstörungen mit einer Reihe bedeutender psychiatrischer Krankheitsbilder in Verbindung gebracht hat, ist ein künftiger breiter diagnostischer Einsatz der Methode der DT-MRT in der Psychiatrie nicht auszuschließen.

Literatur

1. Basser PJ. NMR Biomed 1995; 8: 333-444.
2. Conturo TE et al. Proc Natl Acad Sci USA 1999; 96: 10422-7.
3. Galaburda AM et al. Annual Neurology 1985; 18: 222-33.
4. Horwitz B et al. Proc Natl Acad Sci USA 1998; 95: 8939-44.
5. Klingberg T et al. Neuron 2000; 25: 493-500.
6. Paulescu E et al. Brain 1996; 119: 143-57.
7. Shaywitz SE et al. Proc Natl Acad Sci. USA 1998; 95: 2636-41.
8. Tallal P et al. Science 1996; 271: 81-4.

Zebrafinken und ein bahnbrechender neurobiologischer Existenzbeweis

Erst kürzlich wurde in dieser Zeitschrift von neuen Befunden zur Bildung von Nervenzellen in Gehirnen erwachsener Menschen berichtet (Unger u. Spitzer 2000). Diese Befunde bringen das alte Dogma ins Wanken, demzufolge Nervenzellen nur bis kurze Zeit nach der Geburt gebildet werden können und danach nicht mehr.

Wenn aber neue Zellen in Gehirnen tatsächlich zeitlebens gebildet werden, fragt sich, welche Funktion diese neu gebildeten Neuronen haben und ob sie überhaupt funktionell für bereits bestehende oder neu zu lernende interne Repräsentationen eingesetzt werden können.

Die Frage nach der funktionellen Relevanz neuer Neuronen in alten Gehirnen wurde von Scharff und Mitarbeitern (2000, vgl. auch Vogel 2000) tierexperimentell bei Singvögeln erstmals direkt untersucht. Wie man seit langem weiß, entwickeln männliche Kanarienvögel komplizierte, als solche erkennbare und identifizierbare Gesänge, um damit die Weibchen zur Paarung zu bewegen. Die zentralnervösen Grundlagen dieser Fähigkeit sind recht genau bekannt (vgl. auch die Zusammenfassung bei Spitzer 2000) und ähnlich organisiert wie die Sprachzentren beim Menschen. Es gibt ein dem sensorischen Sprachzentrum analoges „High Vocal Center" (HVC), das Fasern zum Analogon des motorischen Sprachzentrums RA (Nucleus robustus des Archistriatum) entsendet. Die Areale HVC und RA sind zum Singen einer erlernten Melodie notwendig. Das Areal HVC entsendet Fasern zu einem weiteren Areal (genannt „Area X"), das für das Erlernen einer Melodie von Bedeutung ist, nicht aber für das Singen derselben.

Man fand weiterhin durch genaue Analyse von Tonbandaufnahmen der Melodien heraus, dass die Kanarienmännchen im Herbst teilweise ihren Gesang verlieren; er wird merkbar und messbar undifferenziert, die Fähigkeit kehrt im nächsten Frühjahr jedoch wieder zurück. Hiermit geht ein herbstlicher Zelluntergang von zum Areal RA projizierenden Neuronen in HVC einher sowie ein Nachwachsen von Neuronen im Frühjahr. Demgegenüber sind die zum Areal X projizierenden Neuronen in HVC bereits vor dem Ausschlüpfen der Vögel fertig ausgebildet und bleiben postnatal stabil, d.h. unterliegen keiner jahreszeitlichen De- und Regeneration.

Um die Hypothese zu testen, ob der neuronale Zelltod im Herbst mit dem Nachwachsen im Frühjahr ursächlich in Zusammenhang steht, untersuchten die Autoren eine andere Spezies, Zebrafinken, bei der es im Normalfall weder zu einem Absterben von HVC → RA Neuronen noch zu einem Verlust der Melodien im Herbst kommt.

Vielmehr geschieht die Neubildung von HVC → RA Neuronen bei Zebrafinken langsam und gleichmäßig über die Zeit verteilt. (HVC → Area X Neuronen werden demgegenüber beim ausgewachsenen Zebrafinken nicht nachgebildet.)

Man wandte die Technik der induzierten Apoptose an, um die zum RA projizierenden Zellen des HVC selektiv zu zerstören. Hierdurch kam es bei einigen Tieren zum Verlust ihrer Fähigkeit des Singens einer Melodie, ähnlich wie bei den Kanarienvögeln im Herbst unter physiologischen Bedingungen. Es wurde durch den Zelluntergang jedoch auch die Neubildung von Neuronen angestoßen, die im Vergleich zu einer Kontrollgruppe auf das Dreifache anstieg. Erstaunlich und von großer Bedeutung war die weitere Beobachtung, dass mit dieser Neubildung der Neuronen die Fähigkeit, die alten Melodien wieder zu singen, zurückkehrte!

Die Tragweite dieser Beobachtung ist kaum zu überschätzen, wurde doch hiermit erstmals gezeigt, dass die Neubildung von Neuronen und deren Einbau in funktionierende, verhaltensrelevante Strukturen *im Prinzip* möglich ist.

Wie dies im Einzelnen geschieht und vor allem, woher die nachwachsenden Neuronen die Information beziehen, die sie zum erneuten Kodieren der alten Melodie verwenden, ist ungeklärt. Es liegt also nicht mehr und nicht weniger vor als der Nachweis eines neurobiologischen Mechanismus von möglicherweise enormer Tragweite, ein *Existenzbeweis*.

Die Fähigkeit zur Neubildung von Neuronen erwies sich bei den Zebrafinken spezifisch für eine bestimmte Neuronenpopulation, denn nach der selektiven Zerstörung von HVC → Area X Neuronen wurde keine Neubildung dieser Neuronen beobachtet. Damit ist die Untersuchung mehr als ein Existenzbeweis, denn sie liefert zusätzlich ein Modell, das es erlauben sollte herauszufinden, unter welchen Bedingungen es zur Neubildung von Nervenzellen kommt und unter welchen nicht. Es geht um nichts weniger als darum, herauszufinden (mit den Worten der Autoren), „was getan werden kann, um die Restriktionen, die den Ersatz von bestimmten Neuronen begrenzen, zu überwinden, so dass der dem Gehirn angeborene Schatz an neuronalen Vorstufen zur Reparatur erkrankter Schaltkreise, ganz gleich, um welchen Neuronentyp es sich handelt, verwendet werden kann" (Scharff 2000, S. 490; Übersetzung durch den Autor). Wir wissen weder, was zum Wachstum von Neuronen im Einzelnen führt, noch wie die Integration der nachgewachsenen Neuronen geschieht. Wir wissen aber nunmehr, dass es geht und haben ein Modell für weitere Forschung.

Literatur

1. Scharff C, Kirn JR, Grossman M, Macklis JD, Nottebohm F. Targeted neuronal death affects neuronal replacement and vocal behavior in adult songbirds. Neuron 2000; 25: 481-92.

2. Spitzer M. Nicht im Traum: Lernen im Schlaf. In: Geist, Gehirn und Nervenheilkunde, S. 38-40. Stuttgart: Schattauer Verlag 2000.

3. Unger J, Spitzer M. Bildung neuer Nervenzellen in alten Gehirnen? Ein kritischer Überblick über das Problem der postnatalen Neurogenese. Nervenheilkunde 2000; 19: 65-8.

4. Vogel G. Death triggers regrowth of zebra finch neurons. Science 2000; 287: 1381.

Frei reden dürfen
und sich nicht reinreden lassen müssen

Die Freiheit der Meinungsäußerung ist im Artikel 1 des Grundgesetzes garantiert. Auch im akademischen Bereich ist sie deshalb besonders wichtig, da es nicht zuletzt oft Wissenschaftler sind, die neue und kreative Ideen haben, die oftmals eine veränderte Sicht der Dinge mit sich bringen. Für die meisten Menschen – und wir nehmen der Einfachheit halber einmal an, Politiker und Verwaltungsbeamte gehören in diese Gruppe – ist Veränderung jedoch mindestens unbequem; nicht selten wird sie als bedrohlich erlebt, wird doch Bekanntes und Bewährtes infrage gestellt. Entsprechend ist man auf Menschen, die neue und ungewohnte Gedanken äußern, nicht selten eher schlecht zu sprechen.

Damit Wissenschaft funktioniert, ist es unerlässlich, dass Wissenschaftler ihre Ideen frei und ungehindert äußern können. Sie setzen sich und ihre Gedanken damit der Kritik durch andere Wissenschaftler und durch die Öffentlichkeit aus. Diese Freiheit ist der tiefere Grund dafür, warum es einen Sinn hat, einem Wissenschaftler eine garantierte Lebensstelle zu geben, was – nebenbei bemerkt – gerade auch von den besten (und meist privaten) US-amerikanischen Universitäten gesehen wird. Tenure (gesprochen: „tenjir"), d.h. eine unkündbare Stelle, gehört zu den wesentlichen Ingredienzien des universitären Systems in den USA, und „Tenure-track positions", also Stellen für Assistenten (die in den USA „Assistant Professor" heißen und wie Professoren, nicht wie hierzulande Assistenten, behandelt werden) mit Option auf eine Dauerstelle, sind wesentlicher Bestandteil der Stellenausstattung einer Universität.

Gewiss, die Meinungsfreiheit von Professoren treibt manchmal seltsame Blüten: Dem Psychiater John Mack, Professor an der Harvard Medical School, selbst wahnkrank und der Überzeugung, dass Patienten, die behaupten, von Ufos entführt worden zu sein, Recht haben, versuchte man vergeblich zu kündigen. Es ist jedoch besser, man lässt ein paar Verirrungen zu (sie schaden meist wenig), als Wissenschaftlern einen Maulkorb umzuhängen.

Genau dies geschah erst kürzlich in Österreich (vgl. Koenig 2000): Ein Professor, Anton Pelinka, äußerte sich kritisch über den Politiker Jörg Haider, wurde von Haider verklagt und daraufhin zur Zahlung von umgerechnet etwa 4500 US-Dollar (auf Bewährung) verurteilt. Vor Gericht wurde Haider von einem Anwalt, Dieter Böhmdorfer, vertreten, der mittlerweile Justizminister in Österreich ist. An diesem Vorgang ist vor allem beunruhigend, dass er junge Wissenschaftler ohne Dauerstelle davon abschreckt, sich frei zu äußern, wie Pelinka mit Recht feststellt: „Ich habe keine Angst davor, zu sagen, was ich denke. Aber derartige Urteile könnten den Willen meiner jüngeren Kollegen, zu sagen, was sie denken, stark beeinträchtigen" (zit. nach Koenig 2000, S. 847; Übersetzung durch den Autor).

Zur Freiheit der Wissenschaftler gehört auch deren Selbstbestimmung. Es mag heute sehr veraltet klingen, aber Wissenschaftler müssen die Freiheit haben, ihrer Neugier nachzugehen, denn nur dann kann Kreativität wirklich Neues hervorbringen (vgl. hierzu auch den Brief von Schimmel (2000), der dies erst jüngst prägnant formuliert hat). Anders gewendet: Wissenschaftler dürfen nicht zu Dienstleistern verkommen, die ihre Fähigkeiten und Fertigkeiten auf einer Art Basar an finanzkräftige Auftraggeber – allen voran der Staat in Form von Politikern und Verwaltungsbeamten – verkaufen. Wissenschaftler müssen ihre Prioritäten selbst setzen können, im Kleinen (d.h. im eigenen Labor) wie im Großen (d.h. innerhalb der Gemeinschaft der Wissenschaftler eines Faches). Dies scheint zunächst auf Verschwendung von Ressourcen hinauszulaufen und manche mögen fragen, ob wir uns denn wirklich viele „geniale Irre" leisten sollten, die sich mit so eigenartigen und scheinbar völlig nutzlosen Dingen wie den Augen von Fruchtfliegen, dem elektrischen Widerstand von sehr kalten Metallen oder dem Stromfluss durch einzelne Membranporen beschäftigen. Wie ein paar Nobelpreise belegen, waren diese Beschäftigungen jedoch höchst sinnvoll und generierten Wissen, auf dem jetzt ganze Wissenschafts- oder sogar Wirtschaftszweige beruhen. Wer kann ahnen, dass die Erforschung eines etwas absonderlichen Flusskrebsauges zunächst der Astronomie (Kirschfeld 1981) und dann der Strahlentherapie in der Medizin zugute kommt? – Ein Wissenschaftler vielleicht, ein Verwaltungsbeamter oder Politiker vielleicht eher nicht!

Dass politisch motivierte geplante Forschung viel Geld kostet und wenig einbringt, lässt sich vielleicht am besten am Beispiel der bemannten Raumfahrt zeigen, die viel gekostet hat bzw. noch immer kostet und deren wissenschaftlicher Wert sehr fragwürdig ist. Es sei hier auf ein anderes Beispiel, die Erforschung biologischer Effekte elektromagnetischer Wechselfelder, etwas genauer eingegangen[1].

Vor mehr als 20 Jahren fiel einer Epidemiologin in Denver auf, dass einige der Häuser, in denen Familien mit leukämiekranken Kindern wohnten, in der Nähe von Transformatoren gelegen waren. Zusammen mit einem Physiker ging sie dieser Beobachtung etwas systematischer nach und fand tatsächlich ein etwa *dreifach* erhöhtes Risiko, an Leukämie zu erkranken, wenn ein Kind in der Nähe eines Transformators wohnte. Weitere Studien brachten widersprüchliche Ergebnisse, und der Effekt war allgemein umso geringer, je me-

---

1 Die verkürzte zusammenfassende Darstellung ist dem sehr lesenswerten Buch *Voodoo Science* des amerikanischen Physikers Robert L. Park (2000, S. 140–171) entnommen.

thodisch sauberer die Studien durchgeführt worden waren. (Zum Vergleich: Rauchen führt zu einem etwa *30fach* erhöhten Risiko, an Lungenkrebs zu erkranken.) Populärwissenschaftliche Bücher wie *The Zapping of America* und *Currents of Death* spielten jedoch gerade in den USA geschickt mit der Angst eines wissenschaftlich nicht sehr gebildeten Publikums, dem ein Komplott energieproduzierender Konzerngiganten einfacher nahe zu bringen ist als die Tatsache, dass elektromagnetische Felder mit der dritten Potenz der Entfernung an Stärke verlieren, elektrische Felder den Körper nur sehr oberflächlich und magnetische Felder diesen zwar sehr wohl, aber auch natürlicherweise durchfluten. Auf den Druck von Politikern hin wurden weitere Studien durchgeführt, die entweder gar keinen oder nur einen verschwindend kleinen Effekt zum Ergebnis hatten. Den Abschluss bildeten dann zwei sehr große in Kanada und in den USA durchgeführte Studien an mehreren hunderttausend Fällen. Diese Studien zeigten sehr klar und endgültig, dass es kein erhöhtes Krebsrisiko durch Hochspannungsleitungen und Transformatoren gibt. Das Traurige an dieser Forschung ist die Tatsache, dass sehr viel Geld für die Untersuchung eines von vornherein sehr kleinen Risikos ausgegeben wurde. Es wurden also nicht rational Prioritäten gesetzt (Motto: „wie viel Geld für die Erforschung von wie viel Risiko?"), sondern es wurde politisch motiviert Agitation betrieben oder betriebener Agitation begegnet. Ein die Veröffentlichung der amerikanischen Studie im *New England Journal of Medicine* begleitendes Editorial stellt daher mit Recht fest:

„Es ist traurig, dass hunderte von Millionen Dollar in Studien geflossen sind, die nie eine große Chance hatten, die Tragödie von Krebs bei Kindern zu verhindern. Die vielen unschlüssigen und inkonsistenten Studien haben Beunruhigung und Angst erzeugt und niemanden beruhigt. Die 18 Jahre Forschung haben eine beachtliche Paranoia generiert, aber wenig Einsicht und keinerlei Prävention. Es ist höchste Zeit, dass wir damit aufhören, unsere Ressourcen zu verschwenden" (zitiert nach Park 2000, S. 160; Übersetzung durch den Autor).

Mit geschätzten 25 Milliarden Dollar Folgekosten hat die Hysterie um die vermeintlichen Gefahren von Transformatoren und Überlandleitungen viel Schaden angerichtet. Wären die Forschungsplanungen in den Händen von Wissenschaftlern geblieben, wäre es eher nicht zu dieser Verschwendung gekommen, denn man kann annehmen, dass Wissenschaftler ihre Forschungen mehr inhaltlich und weniger politisch geplant hätten. Wissenschaft lebt nur dort, wo die Freiheit zu reden vorhanden ist. Sie gedeiht umso günstiger, je weniger den Wissenschaftlern hineingeredet wird[2].

---

2 Ich danke Herrn Dr. Thomas Kammer vom MPI für biologische Kybernetik in Tübingen für konstruktive Kritik und wertvolle Hinweise.

Literatur

1. Kirschfeld K. Mit Flußkrebsaugen ins Weltall blicken. Augen mit Spiegeloptik – ein biologisches Vorbild für Röntgenteleskope. Sterne und Weltraum 1981; 10: 357-8.
2. Koenig R. Political scientist becomes cause célèbre. Science 2000; 289: 846-7.
3. Park RL. Voodoo Science. The Road From Foolishness to Fraud. Oxford University Press 2000.
4. Schimmel P. Industry benefits from the public funding of intellectual curiosity. Nature 2000; 406: 826.

Nervenheilkunde und Nervenarzt

Gelegentlich plaudere ich mit einem Engländer oder Amerikaner über meine Tätigkeit als Mitherausgeber der *Nervenheilkunde*. Dabei kommt es dann immer wieder zur gleichen Wortfindungsstörung („I am the editor of – hmmm"), gefolgt, wie bei Wortfindungsstörungen üblich, von einem Umschreibungsschwall („a journal of neurology and psychiatry, with a name that cannot be properly translated, well, litterally ‚nerve-healing-knowledge', an old German term for neuropsychiatry, that symbolizes the unity of both fields" etc.). Aber warum auch soll es mir besser gehen als dem Herausgeber des *Nervenarztes* mitsamt all den Kollegen, die diese Berufsbezeichnung tragen?

Manchmal schließt sich hier eine Diskussion über den Sinn oder Unsinn der Weiterbildungsordnungen verschiedener Länder oder Kulturgemeinschaften an. Das Problem ist immer das Gleiche: Die Medizin ist längst zu komplex geworden, als dass einer alleine noch alles überblicken könnte. Man kommt also um Spezialisierung nicht herum. Krank ist aber in aller Regel der ganze Mensch, meist in komplexer Weise, woraus folgt, dass jede Unterteilung der Medizin in Fachgebiete die Gefahr birgt, dass man eben nicht, modern platonisch geredet, *Nature at its joints* schneidet, sondern irgendwie willkürlich. Da man gerade in jüngster Zeit wieder über neue Modelle bei Weiterbildung und Spezialisierung nachdenkt, seien einige einfache Gedanken zur Zerschneidung der Medizin gewagt.

Wir leben zweifellos in einer Zeit, in der das medizinische Wissen auf historisch beispiellose Weise anwächst. Dies erfordert eine zunehmende Spezialisierung, was sich nicht nur in Fachärzten für medizinische Informationsverarbeitung (bereits geschehen) oder Intensivmedizin (geplant) äußert, sondern auch in der Subspezialisierung nach der Weiterbildung: Man ist nicht mehr nur einfach Internist, sondern Gastroenterologe oder Kardiologe. Zugleich macht die medizinische Praxis einen breit ausgebildeten Arzt notwendig, einen Allgemeinpraktiker, der alles im Blick hat. Im Spannungsfeld von High-Tech-Medizin einerseits und allgemeinem Überblick andererseits, so kann es scheinen, bleibt der „ganz normale Facharzt" zwischen Spezialisierung und ganzheitlicher Versorgungspraxis gelegentlich auf der Strecke.

In diesen Argumentationsstrudel ist auch der Nervenarzt, gerade im letzten Jahrzehnt, geraten. Er wurde aufgeteilt in Neurologie, Psychiatrie und psychologische Medizin. Es gibt zudem Bestrebungen, die Spezialisierung im Bereich der Psychiatrie durch zusätzliche Fachgebiete, beispielsweise für forensische Psychiatrie oder Liaisonpsychiatrie etc., sowie durch die Abschaffung des obligaten Jahres Neurologie für Psychiater und des Jahres Psychiatrie für Neurologen noch weiter zu treiben.

Dieser Trend steht in sonderbarem Kontrast zur Theorie und zur Praxis: Zu keiner Zeit wurde mehr über den Zusammenhang von Gehirn und Geist in Erfahrung gebracht als im vergangenen Jahrzehnt des Gehirns, und nach wie vor bilden sich nicht wenige Kollegen zum Doppelfacharzt für Psychiatrie und Neurologie (also den alten Nervenarzt) weiter.

Der Trend zur Trennung von Psychiatrie und Neurologie ist durchaus international (wenn es auch den neu erfundenen „rein psychologischen Mediziner" nur bei uns gibt): Ein neulich aus den USA nach Ulm zu einem Besuch gekommener Psychiater erzählte, wie es auf der anderen Seite des großen Teichs auf einer Akutstation zugeht: Für zwölf Patienten hat man drei Stunden Zeit. Das reicht gerade mal für Akutsymptomatik und die Eckdaten von Anamnese und Sozialstatus. Zusätzliche Untersuchungen wie CT, EEG oder Lumbalpunktion sind indiskutabel, weil zu teuer, auch beispielsweise bei psychotischen Erstmanifestationen. Körperliche Untersuchung? – Nein; aber dafür neuerdings wieder mehr Gegenübertragungsanalyse (weil von der Weiterbildungsordnung so gewünscht; vielleicht auch, so könnte man böswillig vermuten, weil billiger). Ein obligates Jahr Neurologie für Psychiater (und das entsprechend Umgekehrte) gibt es in den USA ebenso wenig wie in der Schweiz, sodass der Neurologe bei jeglichem „Verdacht auf Psyche" den Psychiater und der wiederum bei „V.a. Gehirn" den Neurologen hinzuzieht. Bei fehlender Weiterbildung im jeweils anderen Fachgebiet kann jedoch schon der Dialog aufgrund des Fehlens einer gemeinsamen Sprache Schwierigkeiten breiten, wie mir Kollegen aus anderen Ländern immer wieder berichten. Muss das so sein?

Ein Blick auf die innere Medizin lehrt, wie man dort mit dem seit bereits längerer Zeit bestehenden Problem der Wissensflut und Spezialisierung, wie mir scheint, vernünftig umgegangen ist. Es gibt keinen Facharzt für Herz, Lunge, Leber oder Nieren, sondern zunächst resultiert die Weiterbildung im Facharzt für innere Medizin. Das ist auch gut so, denn viele Krankheiten beschränken sich bekanntlich nicht auf ein Organ. Erst *nach* einer Ausbildung zum Facharzt für die gesamte innere Medizin erfolgt, wenn man will, die weitere Spezialisierung zum Kardiologen, Pneumologen usw. Die Internisten haben es also geschafft, trotz der Wissensflut auf ihrem Gebiet und trotz der Tatsache, dass sie mit vielen Organen konfrontiert sind, die Einheit ihres Fachs zu bewahren.

Das haben sie den Nervenheilkundlern voraus. Obwohl Neurologen und Psychiater sich um *ein und dasselbe* Organ – das Gehirn – kümmern, sind Neurologie und Psychiatrie schon lange getrennt. Dies mag historische Gründe haben, *inhaltlich* macht es weniger Sinn, als beispielsweise die Trennung von Nephrologie und Kardiologie machen würde, die im Hinblick auf den Facharzt gerade *nicht* erfolgt ist, sondern erst *nach* diesem einsetzt. Die Folge im

Bereich der Nervenheilkunde ist, dass immer weniger klar ist, wer sich eigentlich um welche Krankheit kümmert, wie sich nicht nur an den Demenzen (Psychiater, Neurologen oder Neuropsychologen?), Depressionen und Angsterkrankungen (Psychiater, psychologische Mediziner oder gar klinische Psychologen?), Zwangserkrankungen und Ticstörungen (Psychiater oder Verhaltensneurologen?), um nur einige Beispiele zu nennen, zeigt, sondern auch an der mittlerweile unüberschaubaren Anzahl von Fachgesellschaften, Interessengruppen und Publikationsorganen (ganz zu schweigen von den mancherorts statthabenden unnötigen und schädlichen „Grabenkämpfen"). Die Situation ist im Grunde unerträglich: Für immer die gleichen sehr häufigen Störungen im Bereich des Zusammenhangs von Gehirn mit Erleben und Verhalten sind (bzw. erklären sich) die verschiedensten „Spezialisten" zuständig.

Man kann sich dabei des Eindrucks nicht erwehren, dass die Standespolitik gelegentlich weniger von sachlichen Gesichtspunkten geleitet wird als vielmehr von Macht, Geld und persönlichen Eitelkeiten, was manchmal gerne mit dem Hinweis auf „historisch gewachsene Besonderheiten der deutschen Situation" (und damit die Notwendigkeit idiosynkratischer Lösungen) verschleiert wird. Muss das so weitergehen?

Noch beneiden uns die Amerikaner um das Neurologie-Pflichtjahr für Psychiater (und das Psychiatrie-Pflichtjahr für den Neurologen), und sie beneiden uns nicht um den Facharzt für psychotherapeutische Medizin (man versteht anderswo gar nicht, was das sein soll). Könnten wir nicht aus der Geschichte und von anderen medizinischen Disziplinen lernen?

Die Fakten sind klar: Unser theoretisches Wissen über die Zusammenhänge von Erleben und Verhalten einerseits und neuronalen Prozessen andererseits war nie größer und wächst täglich weiter. Kartesianische Dichotomien (vom Schlage „endogen versus neurotisch") wurden offiziell mit guten Gründen abgeschafft, und schließlich belegen die entsprechenden Therapiestudien, dass es gerade die Kombination psychologischer und biologischer Verfahren ist, die in den meisten Fällen am besten wirkt. Die Erkrankungen des Gehirns sperren sich gegen eine Einteilung in grob- versus feinneurologische ebenso wie in solche der Hardware und solche der Software. Wir sind dabei, alte Dogmen, mit denen tiefgreifende Teilungen gerechtfertigt wurden, über Bord zu werfen, Mauern einzureißen und Gräben zuzuschütten. Das ist auch gut so und äußert sich bereits jetzt in pragmatischeren und vor allem wirksameren Behandlungsstrategien.

Man mag einwenden, dass die meisten niedergelassenen Nervenärzte auf eher psychiatrische oder eher neurologische Erkrankungen spezialisiert sind. Dazu zwingen sie jedoch eher die ökonomischen Realitäten von Psychotherapiestunden bzw. Geräteauslastung, nicht hingegen die Realität der Krankheiten und am allerwenigsten die Realität der Kranken. Die Internisten zeigen uns, wie man einen „großen" Facharzt behalten und dennoch Spezialisierung erreichen kann. Geschichte, Tagespolitik und Eitelkeit beiseite: Ist es nicht an der Zeit, über eine fünfjährige Basisausbildung zum Cerebrologen (für diejenigen, denen „Nervenarzt" zu altbacken klingt) mit anschließender Spezialisierung in Neurologie oder Psychiatrie nachzudenken? (Ebenso wie der Internist nicht „Facharzt für innere Medizin und Pharmakotherapie" heißt, sollte man sich auch in der Nervenheilkunde den Verweis auf bestimmte Therapieformen in der Fachgebietsbezeichnung sparen.)

Man mag weiterhin einwenden, dass der Austausch zwischen Neurologen und Psychiatern mancherorts Schwierigkeiten bereitet und das „Nadelöhr" in der psychiatrischen Weiterbildung darstellt, gibt es doch mehr Weiterbildungsstellen für Psychiater als für Neurologen. Man sollte jedoch diesen Austausch nicht mit dem Argument abschaffen, das Klopfen von Reflexen brächte dem Psychiater nichts. Man sollte vielmehr darüber reden, wo die „Austauschkollegen" sinnvoll einzusetzen sind, was u.a. auch heißen könnte, dass die Kollegen aus der Neurologie nicht, wie landauf landab üblich, auf den psychiatrischen Akutstationen eingesetzt werden, sondern auf Reha-, Psychosomatik- oder Psychotherapiestationen, weil das Tagesgeschäft des Neurologen weniger die akuten Psychosen und mehr die chronischen psychischen Effekte neurologischer Krankheitsbilder beinhaltet. Kurz, man sollte hier mehr miteinander darüber reden, was sinnvoll ist. Dass damit zuweilen gerade die Vertreter der so genannten „sprechenden Medizin" (nebenbei: dieser Begriff ist etwa so sinnvoll wie „operative Chirurgie" oder „unverheirateter Junggeselle") ihre Probleme haben, entbehrt nicht einer gewissen Ironie.

Neben der Genetik ist die Neurobiologie derzeit der spannendste Wissenschaftszweig. Dies wird Auswirkungen auf die Medizin haben, im Sinne der Patienten hoffentlich bald. Es gilt, die Herausforderung einer angewandten Neurowissenschaft als großes Fach neben innerer Medizin und Chirurgie anzunehmen und den Psycho- und Neuro-Urwald gründlich von „historisch gewachsenem" Wildwuchs zu befreien. Mit Blick auf die sinkende Attraktivität der Psychiatrie bei den Studenten, ihre schon immer geringe Wertschätzung bei den Kollegen aus der „Organmedizin" (nebenbei: ebenso sinnreich wie „sprechende Medizin"), die steigenden Kosten und zunehmende Effektivität neuropsychiatrischer Interventionsmethoden und nicht zuletzt die vielen verunsicherten Patienten können und sollten wir uns Aufsplitterung und die damit unvermeidlichen Grenzgefechte um Besitzstandssicherung nicht leisten. Wir brauchen vielmehr klare Linien, Geschlossenheit und eine positive Vision vom Cerebrologen, der Erleben und Verhalten primär ebenso gut kennt wie Neuronenverbände, kortikale Karten und Modulationssysteme und sich danach sekundär auf bestimmte Erkrankungsformen, Patientengruppen oder Therapieverfahren spezialisiert. Drei (oder noch mehr) Fachärzte für das Gehirn brauchen wir nicht. Solange wir sie haben, muss es in der Weiterbildung einen Austausch geben.

Das Konzept der Zeitschrift *Nervenheilkunde* wurde in diesem Geist vor 19 Jahren von einem Chirurgen, Herrn Prof. Dr. Dr. h.c. Paul Matis, dem damaligen wissenschaftlichen Leiter des Schattauer Verlages, und einem Neurologen, Herrn Prof. Dr. Dieter Soyka, entwickelt. Ihre Herausgeber versuchen seither aktiv, diesen sich bereits im Wort Nervenheilkunde ausdrückenden gemeinsamen Geist von Neurologie und Psychiatrie in publikatorische Praxis umzusetzen. Herr Kollege Soyka hat dies über mittlerweile nahezu zwei Jahrzehnte getan, und ich bin froh, mit ihm zusammen nun schon seit zwei Jahren ganz in diesem Sinne diese Arbeit fortzuführen.

Ketchup und das kollektive Unbewusste
Prolegomena zu einer Neurobiologie von Universalität und Idiosynkrasie des guten Geschmacks

Über Geschmack, so eine weit verbreitete Ansicht, lasse sich nicht streiten, und zwar deshalb nicht, weil er rein subjektiv erlebt werde und es keine intersubjektiv gültigen Prinzipien, Regeln, Argumente oder Daten gäbe, die in einem solchen Streit ins Feld geführt werden könnten. Eine Diskussion über ästhetische Urteile sei damit sinnlos, etwa gemäß dem folgenden Beispiel: „Mir schmeckt Vanilleeis." – „Ich bevorzuge Erdbeereis." – Ende der Debatte. So einfach sind die Dinge bei genauerer Betrachtung allerdings nicht, wie die Neurobiologie (und schon lange die Philosophie) lehrt. Wer glaubt, die Schönheit der Dinge sei eine ganz persönliche, weil rein subjektive Sache, der übersieht, dass beispielsweise auch deren Farben lediglich subjektiv erlebt sind; man könnte durchaus sagen, dass es Farben *eigentlich* gar nicht gibt, denn „eigentlich" gibt es doch nur „Energie und kleinste Teilchen". Sofern man diesen Standpunkt einnimmt, übersieht man, dass es sich bei der Energie und den Teilchen um von Wissenschaftlern *erdachte* Strukturen, um Modelle handelt. Nicht nur sind diese – ebenso wie die Farben und die Schönheit – auch *in* deren Geist bzw. *in* deren Gehirn abgebildet, sondern sie sind auch lediglich als *Beschreibung* der Wirklichkeit – *und nicht als deren Ersatz* – gemeint. Damit aber ergibt sich folgendes:

- Entweder man bleibt bei dem Standpunkt, dass es eigentlich nur Energie und Materie gibt. Dann aber hat das Schöne den gleichen Status wie das Farbige. Dann aber kann man sich über Schönes ebenso streiten wie über Farbiges („das ist grün" – „nein, ich finde, es ist eher schon blau").
- Oder man belässt es bei der phänomenalen Welt, d.h., man lässt die Farben und Formen, die Bewegungen und Muster, die Töne und Gerüche (also alles, was es nach obiger Auffassung *eigentlich* gar nicht gibt) in der Welt und versucht gar nicht erst, *hinter* diese Welt zu kommen oder diese Welt, wie sie uns immer schon umgibt, hinwegzuerklären. Dann aber könnte auch Schönheit draußen in der Welt sein, ebenso wie es die Farben sind.

Wenn wir uns also darauf einlassen, zuzugeben, dass die Welt um uns herum wirklich bunt ist (womit wir keineswegs leugnen, dass die Farben – ebenso wie die wahrgenommenen Dinge überhaupt – Ergebnisse neurobiologischer Prozesse sind), dann könnte sie auch schön sein. Oder noch einmal anders formuliert: Sofern Farbe ein Aspekt der Dinge ist, dann könnte auch Schönheit ein Aspekt der Dinge selbst (d.h. nicht nur unserer Betrachtung von ihnen) sein.

Aber ist diese Position nicht zu extrem? Warum kommt sie uns so vor? Wohl deshalb, weil wir ästhetische Urteile grundsätzlich für *persönliche Werturteile* halten. Solche Urteile, könnte man weiter argumentieren, sind in der individuellen Person, deren Lebensgeschichte und Vorerfahrungen, vielleicht auch deren genetischer Ausstattung begründet und daher bei jedem Menschen anders, also idiosynkratisch.

Lebensgeschichtliche Bedingtheit einerseits und Universalität andererseits müssen sich jedoch keineswegs ausschließen. Betrachten wir hierzu einmal den Geschmack. Nicht umsonst stellt unsere Sprache, über eine Synonymität des Wortes Geschmack (gustatorische Sinnesqualität einerseits und individuelle Vorliebe andererseits), eine enge Verbindung zwischen dem Geschmackssinn und persönlichen ästhetischen Urteilen her. Der eine mag dies, der andere das; Geschmack ist etwas Individuelles, Persönliches, also gerade nichts Allgemeines. Er ist lebensgeschichtlich bedingt und im Hinblick auf das Gustatorische beispielsweise dadurch geformt, was jeder von uns früher essen durfte oder konnte, oder auch gerade nicht durfte oder konnte. Dennoch gibt es auch im Bereich der Geschmackswahrnehmung allgemeine Prinzipien: Bitterer Geschmack deutet auf das Vorhandensein möglicher Gifte hin und hat daher Abneigung zur Folge. Gewiss, viele Speisen sind bitter, die Vorliebe dafür stellt aber eher einen „acquired taste" dar, wie die Engländer sagen, sie ist gelernt, und bestätigt als Ausnahme gleichsam die Regel, dass wir Bitteres zunächst einmal nicht mögen.

Das Gegenteil gilt für süße Speisen (vgl. zum Folgenden auch Spitzer 2000). Kinder lieben bekanntermaßen Süßes ganz besonders. Sie tun dies, weil die Geschmacksrezeptoren, mitsamt der nachgeschalteten Verarbeitung, über Jahrmillionen Gegenstand der evolutionären Entwicklung waren, die darauf hinauslief, dass süßer Geschmack das Vorhandensein von Zucker – ein für uns wesentlicher Energielieferant – anzeigt. Die Vorliebe für Süßes ist daher für das Überleben wichtig und führt zu sinnvollem Verhalten. Der auf Süßes gerichtete gute Geschmack ist damit keineswegs eine persönliche Angelegenheit, sondern etwas Allgemeines, das – im Prinzip wenigstens – für alle Menschen und sogar für alle Primaten und wahrscheinlich die meisten höheren Organismen gilt. Interessanterweise sind die Süß-Rezeptoren bei kleinen Kindern unempfindlicher als die erwachsener Menschen. Dies bedeutet, dass Kinder auch noch Dinge gern mögen, die dem Erwachsenen aufgrund ihrer erdrückenden Süße eher Übelkeit bereiten. Dies ist wiederum keine Frage der individuellen, sondern eine der allgemeinen Entwicklung. Kinder benötigen mehr Energie für Wachstum und Entwicklung als Erwachsene. Entsprechend ist ihr Geschmack für Süßes darauf eingestellt (man könnte sagen: die Schwelle feinjustiert), auch Süßes in großen Mengen zu mögen.

In ihrer Arbeit *Ketchup und das kollektive Unbewusste* weist Rozin (1998) darauf hin, daß der Siegeszug des Ketchup in den USA (gebrochen erst durch den Zuzug von Einwanderern spanischer Abstammung: 1992 überstieg der Verkauf von Salsa erstmals in der Geschichte der USA den von Ketchup; vgl.

Lester 1995, S. 105) nicht nur mit dessen Geschmack, sondern auch mit dessen *Aussehen* in Verbindung gebracht werden kann. Ketchup vereint nicht nur eine jeweils sehr heftige süße, saure und salzige Geschmackskomponente und stimuliert die entsprechenden Rezeptoren maximal. Er ist zudem, wie auch eine ganze Reihe anderer Saucen pflanzlicher Herkunft, blutrot. Dies, so vermutet Rozin, mag seine Wurzeln darin haben, dass Saucen pflanzlicher Herkunft ihren Ursprung in einem Surrogat oder Ersatz des Lebenssafts im Rahmen verschiedener kultureller Handlungen haben. Der Erfolg von Ketchup als Zugabe zu allen nur erdenklichen Speisen ist also mitbedingt durch dessen ästhetische Qualitäten im Hinblick auf Farbe und Geschmack. Durch beide Sinnesqualitäten werden sehr alte, sicherlich „fest verdrahtete" und sehr allgemeine sinnliche Vorlieben und Reaktionsmuster angesprochen. Warum gibt es so etwas? Warum gibt es allgemeine Ästhetik?

Die *rasche bewertende Funktion* des Ästhetischen stellt das Erleben des Schönen – ähnlich wie und in Verbindung mit Emotionen – in einen evolutionären Zusammenhang, d.h., betrachtet dieses Erleben letztlich als Überlebensvorteil für den Organismus. Schönheit gibt es somit nicht als überflüssiges Anhängsel unseres Erlebens, sondern ist dessen integraler Bestandteil. Dass wir die Dinge als schön oder hässlich, angenehm oder unangenehm bewerten, kommt nicht von ungefähr, sondern hat letztlich einen Überlebensvorteil.

Gibt es Prinzipien der Schönheit? Anders gefagt, lassen sich grundlegende Funktionen der Bewertung in der Wahrnehmung finden, die in diese ebenso eingebaut sind wie beispielsweise die Mechanismen der Farb- und Formkonstanz, der automatischen Gruppierung oder der Wahrnehmung dreidimensionaler Formen aufgrund von Linien bestimmter Orientierung? – Dies ist eine empirische Frage, die oben für den Geschmackssinn bereits mit Ja beantwortet wurde.

Unter diesem Blickwinkel können auch die neurobiologischen Mechanismen des ästhetischen Erlebens in anderen Sinnesmodalitäten Gegenstand der Untersuchung werden. Das Erleben von Schönheit ist dann nicht mehr Privatsache, sondern gehört evolutionär betrachtet zu unserer „Grundausstattung", wie Denken, Fühlen und Wollen auch. In diese Richtung weist eine ganze Reihe von Publikationen jüngeren Datums, die sich alle mit den neurobiologischen Grundlagen ästhetischer Erlebnisse beschäftigen (Aiken 1998, Goguen 1999, Gregory et al. 1995, Rentschler et al. 1988, Zeki 1999). Diese Arbeiten beziehen sich auf das visuelle System, was nicht wundert, wenn man bedenkt, dass das Sehen die für uns Menschen mit weitem Abstand bedeutendste Sinnesqualität darstellt. Diese Arbeiten deuten alle in die gleiche Richtung: Auch für das Sehen muss man die Frage nach allgemeinen Prinzipien des Schönen mit Ja beantworten. Es gibt – prinzipiell – schöne Bilder.

Ästhetisches Erleben hat damit eine allgemeine Seite, die man durchaus mit dem auf C.G. Jung zurückgehenden Terminus des kollektiven Unbewussten bezeichnen kann. Schönheit wird uns zwar bewusst, ihr Erleben gehorcht jedoch allgemeinen Prinzipien, die uns weitgehend oder völlig unbekannt sind. Solche Prinzipien wurden in anderen Bereichen durchaus bereits untersucht: man denke nur beispielsweise an das Sprechen, das den Prinzipien der Grammatik gehorcht, von der die meisten Sprecher keine explizite Kenntnis haben. Ja, viele Menschen wissen gar nicht, was eine Grammatik ist, sprechen aber durchaus grammatikalisch korrekt. Ebenso wie die Sprachwissenschaft, die Linguistik und mittlerweile die Psycho- und die Neurolinguistik gezeigt haben, wie Sprache produziert und verstanden wird, könnten Ästhetik und Neurowissenschaft allgemein zeigen, wie wir Schönheit erleben und auch Schönes produzieren.

Literatur

1. Aiken NE. The biological origins of art. Westport, CO, USA: Praeger 1998.
2. Gregory R, Harris J, Heard P, Rose D. The artful eye. Oxford, UK: Oxford University Press 1995.
3. Goguen JA. Art and the brain. Journal of Consciousness Studies 6 (June/July). Thorverton, UK: Imprint Academic 1999.
4. Lester PM. Visual communication. Images with messages. Belmont, USA: Wadsworth Publishing 1995.
5. Rentschler I, Herzberger B, Epstein D, Hrsg. Beauty and the brain. Basel: Birkhäuser 1988.
6. Rozin E. Ketchup and the collective unconscious. J Gastronomy 1998; 4: 45-55.
7. Spitzer M. Descartes, Glutamat und der fünfte Geschmack. Nervenheilkunde 2000; 19: 163-4.
8. Zeki S. Inner Vision. An exploration of art and the brain. Oxford, UK: Oxford University Press 1999.

Behalten, Auswählen und Fehleraufspüren
Dissoziierbare Funktionen im Frontalhirn

Bekanntermaßen besteht eine der Funktionen des Frontalhirns im so genannten Arbeitsgedächtnis, also in der Funktion, Informationen, die für das Verhalten in der Gegenwart und unmittelbaren Zukunft wichtig sind, „online" zu halten und zu bearbeiten. Das immer wieder aus der Lebenswelt zitierte Beispiel für die Funktion des Arbeitsgedächtnisses besteht im Nachschlagen einer Telefonnummer und deren Memorieren bis zu dem Zeitpunkt, an dem man sie gewählt hat, nach dem man sie dann wieder vergisst. Mit dem Begriff Arbeitsgedächtnis bezeichnet man genau die Funktion, die uns solch kurzfristiges Behalten erlaubt. Nicht selten müssen wir jedoch auch die Information, die wir im Kopf haben, bearbeiten. Beispielsweise könnte ich die Telefonnummer auch rückwärts wählen. Ich müsste dazu die Zahlen im Kopfe etwas herumjonglieren, was einigen kognitiven Aufwand erforderte, im Prinzip aber möglich ist. Das Zahlennachsprechen, insbesondere rückwärts, gehört in die Standardtestbatterie für frontale Hirnfunktionen.

Neben dem Behalten und Verändern von Informationen wird dem Frontalhirn auch eine Funktion der Überwachung unmittelbar ausgeführter Leistungen zugeschrieben. Wie anderswo genauer dargelegt (Spitzer 1999), gehört es zu den wichtigen Aufgaben eines jeden Informationsverarbeitungssystems, seinen Output auf Fehler hin zu kontrollieren, oder noch besser, bereits die Wahrscheinlichkeit des Begehens von Fehlern ebenfalls online zu messen. Werden die Aufgaben des Behaltens, des Verarbeitens und des Kontrollierens alle zugleich und von der gleichen Struktur erfüllt, oder lassen sie sich innerhalb des Frontalhirns verschiedenen Substrukturen zuordnen? Immerhin macht der so genannte präfrontale Kortex ein Drittel des gesamten Gehirns aus, und es würde überraschen, wenn sich, im Gegensatz zu dem bekanntermaßen modular aus Landkarten aufgebauten übrigen Kortex, im präfrontalen Kortex keine Spezialisierungen finden würden.

Aus dieser Sicht sind zwei kürzlich erschienene Arbeiten von Interesse, die jeweils durch leichte Modifikation eines bereits bekannten experimentellen Paradigmas einerseits und durch Anwendung der Methode der ereigniskorrelierten funktionellen Magnetresonanztomographie andererseits frontale Funktionen räumlich dissoziieren könnten.

Rowe und Mitarbeiter (2000) modifizierten eine Aufgabe zum räumlichen Arbeitsgedächtnis dahingehend, dass das Aufrechterhalten von Informationen und das Auswählen einer Reaktion auf diese Information zeitlich getrennt werden konnten. Abbildung 1 zeigt eine schematische Übersicht über ihre experimentelle Prozedur.

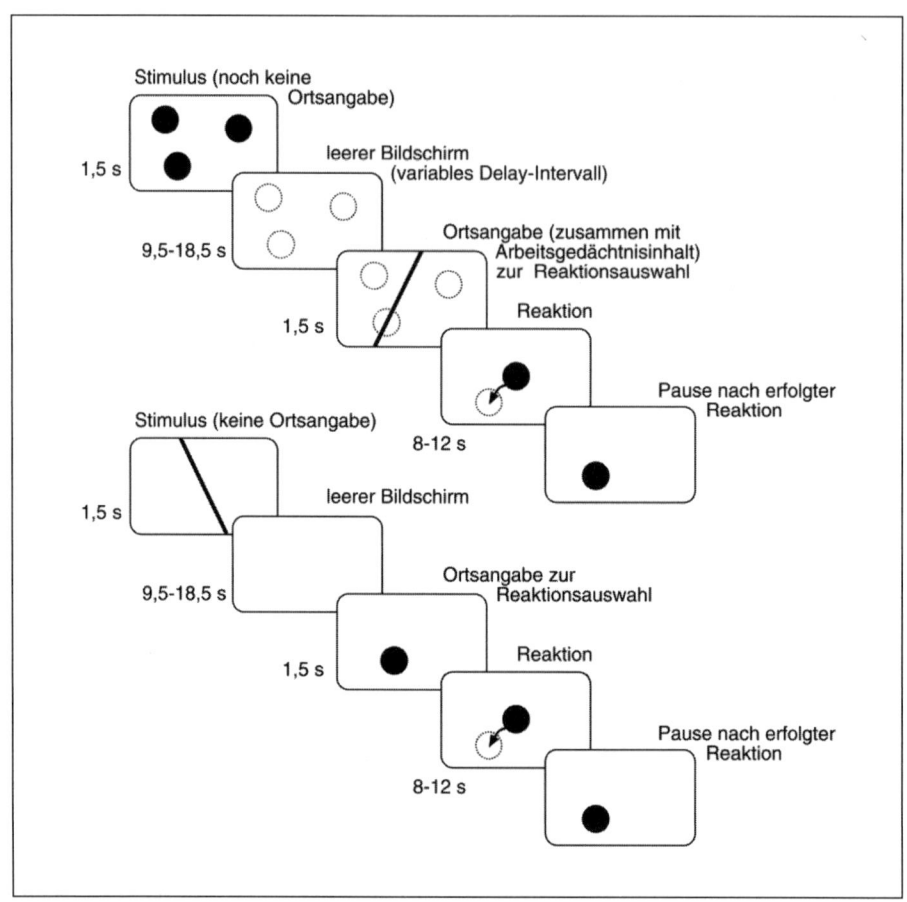

Abb. 1 Experimenteller Ablauf eines Durchgangs im Experiment von Rowe et al.

Sechs gesunde freiwillige Versuchspersonen sahen zunächst für 1,5 Sekunden drei rote Punkte auf der Leinwand zufällig verteilt. Danach folgte eine Pause von 9,5 bis 18,5 Sekunden, die in Schritten von einer Sekunde zufällig variierte. In dieser Zeit mussten die Versuchspersonen den genauen Ort der drei Punkte memorieren, ohne dass sie wissen konnten, was danach zu tun war. Nach der Pause variabler Länge erschien für 1,5 Sekunden eine Linie auf der Leinwand, die so gelegt war, dass sie durch den Ort eines der drei zuvor gezeigten Punkte verlief. Dann erschien in der Mitte der Leinwand ein roter Punkt, der mittels Cursor-Tasten von der Versuchsperson zum Ort desjenigen Punktes bewegt werden sollte, durch den die Linie verlief. Wichtig an diesem experimentellen Paradigma ist die Tatsache, dass einerseits die Punkte es nicht erlaubten, die Reaktion vorherzuplanen, andererseits die Linie für sich allein keine Ortsinformation lieferte. Das Auftauchen der Linie ermöglichte jedoch zusammen mit der behaltenen Ortsinformation zu den Punkten die Selektion der richtigen Antwort. Nach der erfolgten Antwort gab es eine Pause zwischen 8 und 12 Sekunden Dauer, wonach der nächste Durchgang begann.

Als Kontrollbedingung wurde eine Aufgabe gewählt, deren visuelle Stimulations- und motorische Antwortkomponenten der Frontalhirnstimulationsbedingung weitgehend ähnlich war: Zunächst erschien eine Linie, danach ein freies Intervall, und dann wurde ein Punkt gezeigt, zu dem der rote Punkt in der Mitte mittels Cursor-Tasten bewegt werden sollte.

Alle 4,5 Sekunden wurde mittels ereigniskorrelierter funktioneller Magnetresonanztomographie ein Aktivierungsbild des gesamten Gehirns aufgenommen. Der Versuchsaufbau und die Bildgenerierung waren damit so gewählt, dass sich das Aktivierungsmuster, das durch Behalten von Information (*maintenance*), aber nicht durch die Auswahl einer Verhaltensantwort hervorgerufen wurde, vom Aktivierungsmuster bei Auswahl einer Reaktion (*response selection*) trennen lassen sollte. Die Ergebnisse dieser Untersuchung konnten dies zeigen: In Abbildung 2 sind schematisch die kortikalen Areale gekennzeichnet, die während des Aufrechterhaltens von Information (grau) einerseits und während der Auswahl einer Verhaltensantwort andererseits (schwarz) aktiviert waren.

Wie man sieht, lassen sich die Funktionen des Memorierens (Aufrechterhaltens) von Information und der Antwortauswahl im Frontalhirn (und auch parietal) trennen. Das Aufrechterhalten von Informationen findet frontal im Brodmann-Areal 8 (Sulcus frontalis superior) statt, wohingegen die Verhaltensauswahl frontal mit einer Aktivierung des Brodmann-Areals 46 einhergeht. Dies zeigt der zeitliche Verlauf der Aktivierung während der Versuchsdurchgänge sehr klar: Areal 8 hält Information *online* und ist entsprechend während der gesamten Zeit aktiv, in der die Punkte memoriert werden müssen. Areal 46 hingegen wird erst dann aktiv, wenn die Linie gezeigt wird und die Versuchsperson damit einen Zielpunkt für die Bewegung des Cursors auswählen kann. Areal 46 steuert mithin Verhalten, während Areal 8 die Daten dazu liefert. Der Verlauf der Aktivierung über die Zeit und ein clever gewähltes Untersuchungsdesign ermöglichten dadurch die Trennung zweier Funktionen, die in vielen Arbeitsgedächtnisaufgaben nicht getrennt werden können.

Nur eine Woche nach der Publikation von Rowe und Mitarbeitern erschien in der gleichen Zeitschrift eine Arbeit zu einer weiteren Dissoziation, nämlich der zwischen Verhaltensauswahl (*response selection*) einerseits und dem Achten auf etwaige Fehler bei der Verhaltensantwort (*response monitoring*) andererseits (MacDonald et al. 2000). Wieder war es die Kombination von ereigniskorrelierter funktioneller Magnetresonanztomographie (und damit der zeitliche Verlauf der Gehirnaktivierung) und clever gewähltem experimentellem Design, die den Schlüssel zur Aufklärung des Sachverhalts lieferte.

Die Autoren verwendeten eine modifizierte Version des bereits 1935 von John Ridley Stroop verwendeten Farb-Wort-Interferenztests, um die Funktionen der

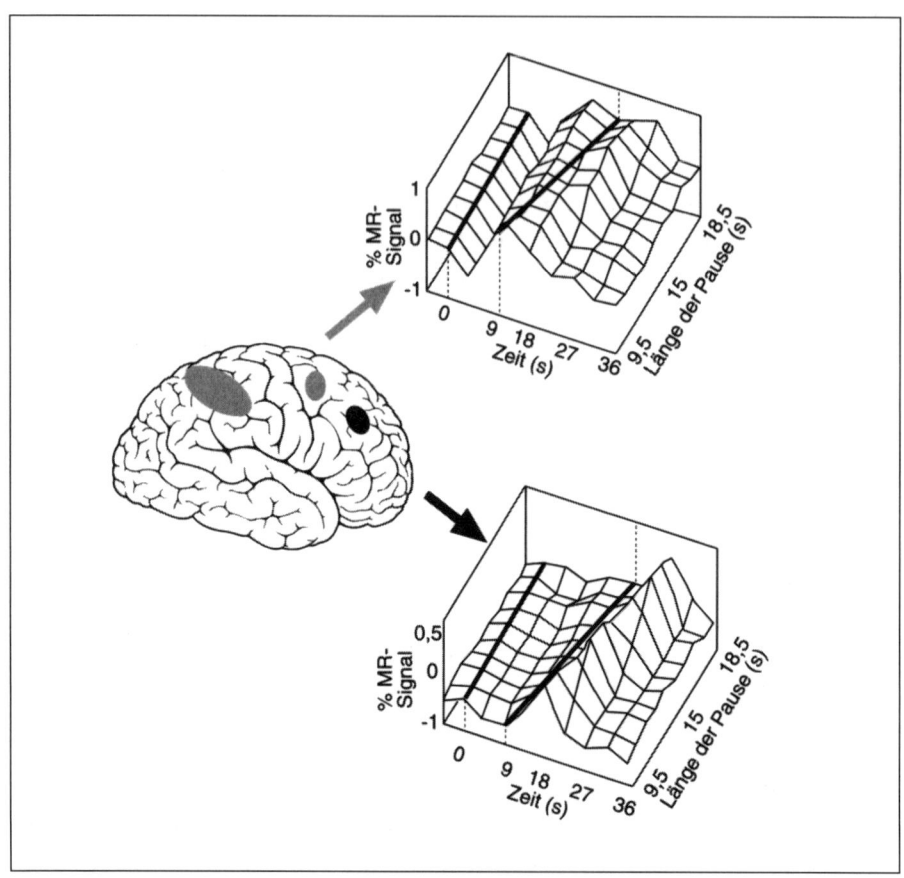

Abb. 2 Zusammenfassung der Ergebnisse von Rowe und Mitarbeitern.

Planung zielgerichteter Handlungen einerseits und der Überwachung dieser Handlungen (Monitoring) andererseits zu trennen. Bei beiden Funktionen handelt es sich um Teilaspekte dessen, was man heute allgemein als *kognitive Kontrolle* bezeichnet und mit denen man sowohl den dorsolateralen präfrontalen Kortex (DLPFC) als auch den anterioren Gyrus cinguli (ACC) in Verbindung gebracht hat. Aus früheren Studien war bereits bekannt, dass der DLPFC vor allem beim Aufrechterhalten unmittelbar handlungsrelevanter Information in Arbeitsgedächtnisaufgaben aktiviert wird, wohingegen der ACC vor allem bei Aufgaben aktiviert wird, die eine hohe Schwierigkeit aufweisen und damit auch eine hohe Fehlerwahrscheinlichkeit. So ist beispielsweise durch mehrere Studien belegt, dass der ACC bei der Durchführung des traditionellen Stroop-Farb-Wort-Interferenztests aktiviert wird. Dieser Test beinhaltet das Benennen der Farbe von Farbwörtern, die in verschiedenen Farben gedruckt sind. In der kongruenten Bedingung ist das Wort „rot" in roter Farbe ausgedruckt, wohingegen in der inkongruenten Bedingung das Wort „rot" in blauer Farbe gedruckt ist. Da das Lesen von Wörtern automatisiert ist und damit rascher erfolgt als das Benennen von Farben (wir also gar nicht anders können als ein vorgegebenes gedrucktes Wort auch zu lesen) stört die Wortbedeutung des gelesenen Wortes das Benennen der Farbe, was dazu führt, dass Versuchspersonen zum Lösen dieser Aufgabe länger brauchen. Das geschriebene Wort interferiert bei der Benennung der anderen Farbe eben dieses geschriebenen Wortes. Ziel der Studie von MacDonald und Mitarbeitern war es, die Funktionen des DLPFC (Aufrechterhalten aufgabenspezifischer Information) und des ACC (Evaluation des Handlungserfolgs und Fehler-Monitoring) experimentell zu trennen und mittels eines klar definierten Studiendesigns diese Funktionen der Aufgabenaufrechterhaltung und des Fehlermonitorings den genannten kortikalen Strukturen eindeutig zuzuordnen.

Seit 65 Jahren weiß man, daß es viel leichter ist, ein Farbwort vorzulesen als es zu benennen. Besonders dann, wenn Farbe und Wortbedeutung nicht übereinstimmen (inkongruente Bedingung; das Wort „rot" in grüner Farbe), ist es schwer, die Farbe zu nennen, denn wir brauchen etwa eine siebtel Sekunde (eine experimentalpsychologische Ewigkeit) länger, um Farben zu benennen, als das Wort zu lesen. Daher *stört* das gelesene Wort die Benennung der Farbe (Interferenz), denn es ist schon früher „im Geist" präsent als der Name der Farbe.

Wie aus Abbildung 3 ersichtlich, zeigte sich hierbei eine klare doppelte Dissoziation der zentralnervösen Aktivierungsreaktion auf die Instruktion und die Verhaltensantwort: Der DLPFC ist stärker aktiv, wenn die Instruktion online gehalten werden soll, die auf eine schwierigere Aufgabe hinausläuft, weil es darum geht, eine ansonsten reflexhaft ausgeführte Verhaltensantwort (das Lesen eines Wortes) zu unterdrücken und stattdessen ein geplantes nicht reflexhaft ablaufendes Verhalten (das Benennen der Farbe eines Wortes) auszuführen. Beim ACC zeigen sich im Gegensatz dazu keine instruktionsbedingten unterschiedlichen Aktivierungen. Die Aufforderung, eine schwierigere Aufgabe zu leisten, führt also lediglich zu mehr Aktivierung im DLPFC.

Anders ist es dann beim tatsächlichen Leisten dieser Aufgabe. Wie bereits erwähnt, ist es schwieriger, die Farbe eines Farbwortes zu benennen, als das Wort zu lesen. Diese unterschiedliche Schwierigkeit drückt sich jedoch nicht in der Aktivierung des DLPFC während der Ausführung der Aufgabe aus. Die Struktur wird zwar aktiviert, nicht jedoch in differentieller Weise bei der einfachen oder schwierigen Aufgabe (sprich: in der kongruenten oder inkongruenten Bedingung). Genau dies ist jedoch beim ACC der Fall. Dies zeigt sich in der unterschiedlichen Aktivierung beim Benennen der Farbe in der kongruenten gegenüber der inkongruenten Bedingung. Es ist einfacher, die Farbe eines Farbwortes gleicher Bedeutung zu nennen (das Wort „grün" in grüner Farbe geschrieben) und entsprechend aktiviert diese Aufgabe das ACC nicht so stark wie das Benennen der Farbe eines inkongruenten Farbwortes (das Wort „rot" in grüner Farbe

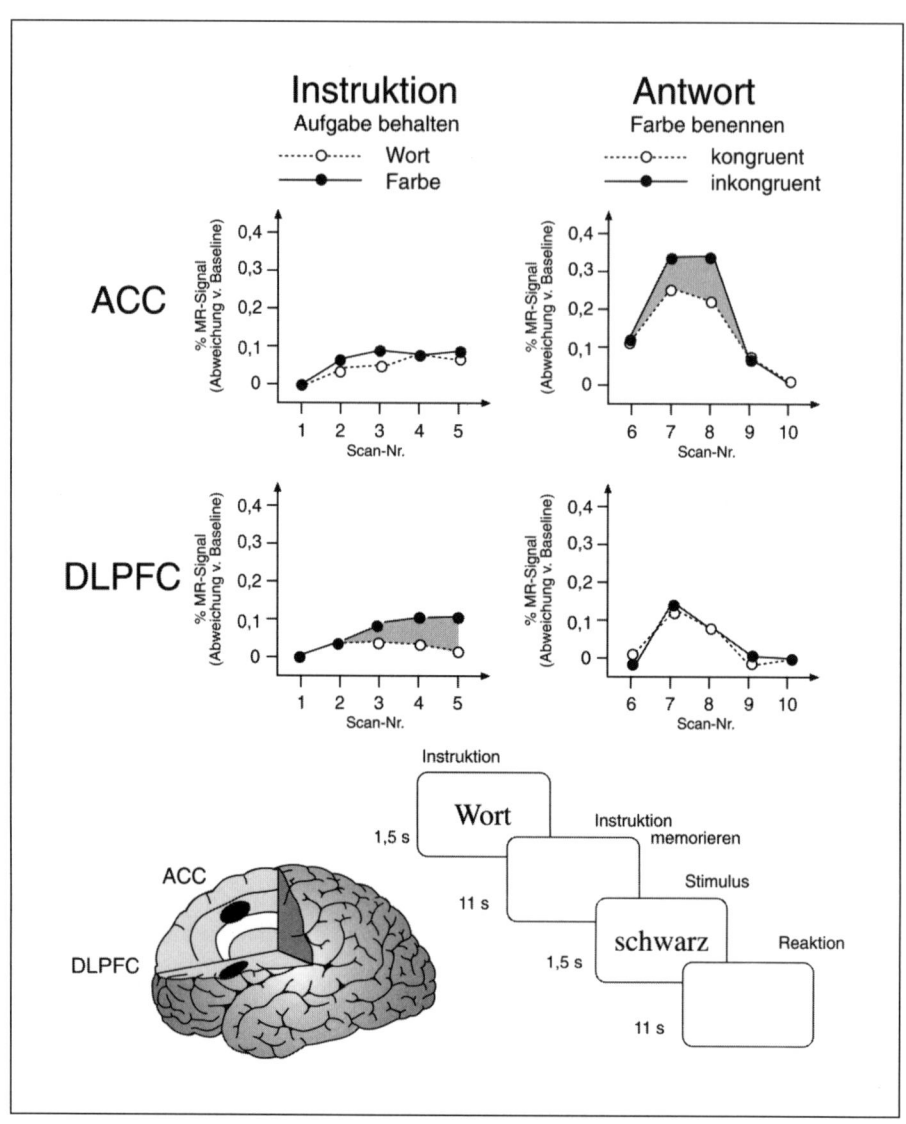

Abb. 3 Versuchsdesign (unten) und Ergebnisse von MacDonald et al. (2000). Als Aufgabe diente eine modifizierte Version des Stroop-Farb-Wort-Interferenz-Paradigmas, bei dem Farbwörter entweder in einer kongruenten Farbe (das Wort „rot" in roter Farbe) oder in einer inkongruenten Farbe (das Wort „rot" in grüner Farbe) gezeigt werden. Zwölf gesunden Probanden wurde zunächst für 1,5 Sekunden durch Präsentation der Aufforderungen „Wort" oder „Farbe" mitgeteilt, was sie mit dem nachfolgenden Stimulus machen sollten, der jeweils zur Hälfte kongruent bzw. inkongruent war. Nach 11 Sekunden Pause wurde der Stroop-Stimulus für 1,5 Sekunden gezeigt, den die Probanden gemäß der Aufforderung entweder vorlesen („Wort") sollten oder dessen Farbe sie benennen sollten. Danach war wieder eine Pause von 11 Sekunden, während der die Versuchspersonen reagieren konnten. Ein Durchgang dauerte somit insgesamt 25 Sekunden (was die Durchführung von insgesamt 10 funktionellen Scans während eines Versuchsdurchgangs erlaubte). Oben sind die Ergebnisse der Aktivierung in den markierten Gehirnarealen dargestellt.

geschrieben). Diese Aufgabe ist recht schwierig, daher mit mehr Fehlern behaftet und führt entsprechend zu einer verstärkten Aktivierung des ACC.

Es zeigte sich weiterhin, dass die Aktivität im DLPFC ganz offensichtlich dafür sorgt, dass die Aufgabe korrekt durchgeführt wird: Je größer die instruktionsbedingte Aktivität im DLPFC nach der Instruktion „Farbe" ausfiel, desto geringer war der Interferenzeffekt (es wurde ein beachtlicher signifikanter Korrelationskoeffizient von r = -0,63 gefunden).

Interessanterweise zeigte sich auch eine (allerdings nicht signifikante) Korrelation zwischen der Aktivität des AGC und dem Interferenzeffekt. Diese war positiv, d.h., je größer die Wahrscheinlichkeit war, einen Fehler zu machen, desto mehr Aktivität fand sich im ACC.

Die Studie von MacDonald und Mitarbeitern zeigt damit in eindrucksvoller Weise, die Funktionen des Frontalhirns, die im tatsächlichen Leben in aller Regel gleichzeitig aktiv sind (wir planen eine Handlung, führen sie aus und achten darauf, ob das Ausgeführte unserer Planung entspricht) dissoziieren lassen. Ganz offensichtlich spielen der DLPFC und der ACC jeweils eine ganz andere Rolle bei dem, was man kognitive Kontrolle nennt: Der DLPFC hält den relevanten Kontext online und übt eine Top-down-Kontrolle auf andere Areale aus. Je besser dies geschieht (je aktiver der DLPFC ist), umso besser wird die Leistung ausgeführt. Der ACC hingegen überwacht die Leistung. Wird sie gut ausgeführt, muss er daher weniger aktiv sein, als wenn sie schlecht ausgeführt wird. Die Korrelation beider Areale mit der Leistung geht daher in unterschiedliche Richtungen. Je besser die Leistung, desto aktiver der DLPFC, je schlechter die Leistung, desto aktiver der ACC.

Die beiden diskutierten Studien stellen eindrucksvolle Beispiele dafür dar, was sich beim gegenwärtigen Stand der Methodik der ereigniskorrelierten funktionellen Magnetresonanztomographie mit dieser Methodik erreichen lässt. Wir sind heute wesentlich weiter als lediglich in der Lage zu sagen, welche Gehirnstruktur bei welcher Aufgabe „aktiviert" wird. Durch geschickte Wahl der Aufgaben und durch zusätzliche zeitkritische Informationen lassen sich einzelne Funktionen dissoziieren und im Verlauf der Aufgabenbewältigung im Hinblick auf ihren Beitrag zu einer Gesamtleistung trennen. Man muss davon ausgehen, dass wir erst am Beginn stehen, das Potential dieser Methode für ein Verständnis gesunder und kranker höherer geistiger Leistungen auszuschöpfen.

Literatur

1. Rowe JB, Toni I, Josephs O, Frackowiak RSJ, Passingham RE. The prefrontal cortex: Response selection or maintenance within working memory? Science 2000; 288: 1656-60.
2. MacDonald AW, Cohen JD, Stenger VA, Carter CS. Dissociating the role of the dorsolateral prefrontal and anterior cingulate cortex in cognitive control. Science 2000; 288: 1835-8.

Sachverzeichnis

Zeitschrift für interdisziplinäre Fortbildung

Mitteilungsorgan
der Deutschen Migräne- und Kopf-
schmerzgesellschaft (DMKG)
und der Deutschen Gesellschaft für
Muskelkranke e.V. (DGM)

Nervenheilkunde

Zeitschrift für interdisziplinäre Fortbildung

Schriftleitung:
em. Prof. Dr. D. Soyka, Kiel
Prof. Dr. Dr. M. Spitzer, Ulm

Wiss. Beirat:
Prof. Dr. P. Berlit, Essen
Prof. Dr. G. Deuschl, Kiel
Prof. Dr. Gisela Gross, Bonn
Priv.-Doz. Dr. L. Hermle, Göppingen
Dr. T. Kammer, Tübingen
Prof. Dr. W. Kaschka, Erlangen
Prof. Dr. C. Kessler, Greifswald
Dr. U. Kischka, Oxford, UK
Prof. Dr. D. Kömpf, Lübeck
Prof. Dr. D. Marx, Berlin
Prof. Dr. H. M. Mehdorn, Kiel
Prof. Dr. T. Payk, Bochum
Priv.-Doz. Dr. M. Soyka, München
Prof. Dr. H. Stefan, Erlangen
Prof. Dr. C.W. Wallesch, Magdeburg
Dr. Dr. H. Walter, Ulm
Dr. M. Weisbrod, Heidelberg

2001. 20. Jahrgang (10 Hefte)
ISSN 0722-1541

Praktische Ärzte und Fachärzte für Allgemeinmedizin sind oft die erste Anlaufstelle für Patienten mit neurologisch und psychisch bedingten Krankheiten. Die **Nervenheilkunde** liefert als interdisziplinäre Fortbildungszeitschrift unverzichtbares Grundlagenwissen für praktizierende Ärzte aller Fachrichtungen. Das wissenschaftliche Ansehen der Zeitschrift ist unbestritten.

Deutschsprachige Original- und Übersichtsarbeiten, Kurzmitteilungen und exemplarische Kasuistiken garantieren ebenso wie die therapeutischen Empfehlungen im Forum Neuropsychopharmacologicum eine rasche Information über alle relevanten Forschungsergebnisse aus dem gesamten Bereich der Neurologie und Psychiatrie. Beiträge aktueller Fortbildungsveranstaltungen sowie Empfehlungen der Deutschen Migräne- und Kopfschmerz-Gesellschaft und der Deutschen Gesellschaft für Muskelkranke werden regelmäßig im Heft publiziert. Kurzreferate, Kongressberichte, Buchbesprechungen und Nachrichten aus Industrie und Forschung runden das fachübergreifende Konzept ab.

http://www.schattauer.de